〔美〕马克·罗森
（Mark I. Rosen）
著 史东辉 译

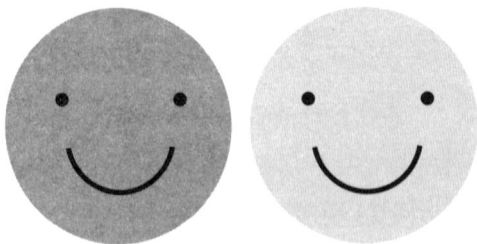

如何让难相处的人好相处

THANK YOU FOR BEING SUCH A PAIN

SPIRITUAL GUIDANCE FOR DEALING WITH DIFFICULT PEOPLE

Wuhan University Press
武汉大学出版社

图书在版编目(CIP)数据

如何让难相处的人好相处 / (美) 马克·罗森著 ; 史东辉译. — 武汉 :
武汉大学出版社, 2022.8

ISBN 978-7-307-23043-9

Ⅰ.如…　Ⅱ.①马…　②史…　Ⅲ.人际关系－通俗读物
Ⅳ.C912.11-49

中国版本图书馆 CIP 数据核字(2022)第 072692 号

责任编辑: 黄朝昉　　责任校对: 牟　丹　　版式设计: 末末美书

出版发行: **武汉大学出版社**(430072　武昌　珞珈山)
　　　　　　(电子邮箱: cbs22@whu.edu.cn　网址: www.wdp.com.cn)
印刷: 三河市京兰印务有限公司

开本: 880×1230　1/32　印张: 10.25　字数: 205 千字
版次: 2022 年 8 月第 1 版　2022 年 8 月第 1 次印刷
ISBN 978-7-307-23043-9　定价: 45.00 元

以此悼念我的母亲：伊塔·罗森，

就算遇到难相处的人，她也始终待人友善。

媒体好评

一本极富智慧之作，充满真知灼见，处处让人惊喜，能够帮助管理者成为更好的管理者，乃至更好的人。

——迈克尔·哈默 博士，
合著有《再造企业：经营革命宣言》

了不起的杰作，用优美的文字阐释了为什么难相处的人是最好的老师，为什么难相处的人不是偶然出现的，以及他们如何让我们的内心变得更强大。

——丹尼斯·格斯 医学博士，精神病学家，
著有《变聪明还是变疯狂？》

马克·罗森分享了一些人类的不当行为，不过他很聪明，能够摒弃传统教育中一些根深蒂固的观念，继而寻找治愈之法。

——亚瑟·格林 博士，
布兰迪斯大学菲利普·劳恩研究生中心犹太学教授

这本智慧之作照亮了通往内心平静的道路，作者的教诲，引人入胜的故事，教会我们如何应对棘手的人际关系。

——琼·克拉布隆 博士，安德沃牛顿神学院副教授，
马萨诸塞州沃特敦泉源康复中心心理治疗师兼主任

马克·罗森的作品非常实用，真实有力地描写了人际关系。

——哈罗德·H.布鲁姆菲尔德 医学博士，精神病学家，
著有《在不安的世界如何保持安全》

影响深远，非常实用……一本了不起的德育作品。

——弗雷德里克，玛丽·安·布鲁塞特
合著有《精神素养和精神疗法》

序　言

　　本书讲述的是我们在人际关系中每天都会遇到的问题，并探讨其背后的精神意义。人生在世，与别人的关系不仅带给我们最多的快乐，也带给我们最多的痛苦。从呱呱坠地起，我们就影响着人际关系，也被人际关系影响着。

　　这本书的撰写有四个前提：首先，生活看似偶然，实则都是必然；其次，某些人带给我们的痛苦、沮丧、苦难，跟爱和快乐一样，对我们的个人成长和精神成长都很重要。逆境亦是人生导师，磨炼我们的抗压能力，教我们从失败中汲取教训；再次，棘手的人际关系能够也应该会治愈，毕竟，学会消除敌意是很重要的人生哲理；最后，想要治愈棘手的人际关系，就要留意生活带给我们精神上的经验教训，我们学会调整内心世界时，外界的人际关系和环境也会随之改变。

或许，你最初选择这本书不是要学习精神成长的课程，只是因为生活中遇到了某个人乃至某些人让你痛苦，让你抓狂。这些人，可能是你的老板、岳母/婆婆、邻居，甚至配偶。你可能正默默承受一切，也可能已经在尝试解决这些问题，甚至为此寻求专业医生的帮助。这种感觉很痛苦，你深受困扰，想做个了断，想把一切抛之脑后，但却做不到。

你想解决问题，但解决办法不是让别人不再让你厌烦这么简单。最好的应对办法不是报复、忍受折磨、逃避、放弃，只有你意识到这些人是在教你成长时，你才会找到真正的解决办法。

敌人确实是个好老师。对我们而言，生活绝非随意的偶然。矛盾看似偶然出现，实则是一种无形的力量，让你不断磨炼自我。

写这本书的初衷是因为我经历过两段特别棘手的人际关系，它们对我造成了困扰。其中一段是和我的父亲，前几年我们的关系才开始缓和。另一段则是我自己的精神，依然让我困惑、沮丧又振奋。

或许我们最大的共同点在于，不管接受、承认与否，人人都有一段棘手的关系。就算你不相信终极现实，你也无法忽视这种关系，因为选择不相信也是对这种关系的下意识选择。对选择相信的人而言，这种关系涵盖了与难相处的人相处的所有棘手之处。如在与难相处的人交流时，你从来都是一厢情愿得不到想要的回应，对方却不停地对我们做些无法预测、莫名其妙的事情。

本书内容基于我和父亲的关系以及自己的心理变化过程。故事比较完整，可以让你更好地理解本书主旨。

1939 年 9 月 8 日，纳粹入侵波兰华沙南部某小镇。我的祖父是谨言慎行的犹太人，开了一家杂货店，他和镇上其他犹太人一起被驱逐流放，最终死在被称为特雷布林卡的纳粹集中营。我父亲塞缪尔，大家都叫他西米尔，他那时不过 17 岁，且酷爱运动。因为年龄和体格的关系，父亲没有被送到灭绝营，而是和他的兄弟一起被送到了劳改营。战争期间，父亲每天被迫工作 17 个小时，为纳粹修路、盖房、生产军需用品，直到 1945 年 5 月 10 日，俄国士兵把他们从某处灭绝营解救出来。

父亲对自己的所见所闻无法形容、难以启齿，他受到的痛苦和创伤从未治愈。在我 43 岁那年，父亲参加史蒂文·斯皮尔伯格的“大屠杀”项目，我才知道这一切。

不过打记事起，我就知道他很痛苦，当然这不是他对我说的，而是母亲和别人不停地对我讲他的故事，并为他的所作所为开脱责任。别人逃避精神痛苦，要么酗酒，要么采取其他过激行为，但父亲选择不停地工作，让自己疲惫不堪。他每天工作 11 个小时，每周 7 天，不给自己放假，一心扑在祖父留下的杂货店上，一回到家就瘫坐在安乐椅上。虽然受过非人的折磨，但他依然善良、体贴，总是竭力满足孩子们的需求，不过也就仅此而已，至于时间和情感上的陪伴则不关他的事。

在成长过程中，我会经常跟他生气，不过都是因为互不理解。试问，要是彻底明白原因的话，谁会因为父亲不关心自己而责怪他？况且，身为纳粹大屠杀幸存者的后代，我总是会一成不变地问这些问题：为什么是犹太人？为什么是那六百万人？怎么会发生这种事？为什么没人阻止？为什么别人没能像父亲一样活下来？

那些年里，父亲的过去和当下，让我学会思考人们行为背后的动机，以同理心体会某人的错误行为给别人带来的痛苦。后来在跟难相处的人相处时，这点能力让我受益匪浅。

人际关系问题不仅是我个人生活的主题，而且我在职业生涯中也一直选择与此有关的工作。我取得了劳资关系专业的硕士及博士学位，研究就业动态、员工和管理层之间不可避免的矛盾问题。

撰写博士毕业论文时，我有两年时间都在跟导师争辩论文的最后一章，这让我既痛苦又崩溃，差点没毕业。我在毕业后成为波士顿地区某所大学的教授，主讲企业行为学、人力资源管理等课程，后来又推出管理咨询实训项目。

1992 年，马萨诸塞州坎布里奇一家成人教育中心——英特菲邀请我加入他们的夜间研讨班，讲授在工作中如何与难相处的人相处。我把自己专业所学有关职场冲突的内容，跟自己与难相处的人相处的经验结合起来，分享给大家。学员们都喜欢这种研讨方式，这在无形中成就了这本书。

自那时起，我开始组织各种研讨班，这本书中就有很多案例是学员的个人经历。他们慷慨地分享自己的故事，对我的设计思路帮助很大。

当然，这本书中还有很多我自己与难相处的人相处的经验，从我出生开始他们就出现了，让我经常渴望找到慰藉和出路。

好在，运气加上技巧，我搞定了很多棘手关系，还跟曾经关系很僵的人成了朋友。

在与难相处的人相处的过程中，我对自己有了足够的认识，我不仅意识到自己的痛苦所在，洞察到自己的性格缺陷及自私的欲望，而且越是不断地学习，越会发现新的东西。没有这些经历，就不会有成长。在跟难相处的人相处的过程中，除了一直以来的谦逊，我变得更加明智、成熟了。

如果我说自己不是难相处的人，那一定不是实话。当然，我不是对所有的人都难相处，也并非总是难相处，但肯定也给一些人带来了麻烦和伤害，我很清楚这一点。

我真诚地希望这本书中的理念、故事、练习、建议，能够帮助你应对难相处的人，提升你的精神境界。愿你享有深刻的见解，能够完美地治愈自我。

关于本书的开场白

如果你正挣扎在应对难相处的人的旋涡中，正在为那些人的所作所为感到痛苦，这本书正是为你而写。当然，这本书不是教你应对危险的人，如果生活中有人要伤害你，请寻求法律上的帮助。

本书也不能代替专业医生的个体治疗或群体治疗方案。有时我们所经受的痛苦及其并发症让人望而生畏，无法独自应对，如果有必要，请寻求专业人士的帮助。

本书共分两篇。上篇：如何了解难相处的人。上篇主要阐述本书的基本观点，让你从新的角度看待自己和难相处的人的问题。也是在回答大家都会问的一个基本问题：为什么事情会发生在我身上？第1章，简单介绍这些观点。第2章，主要探讨遇到难相处的人时，我们能做些什么。第3章，分析难相处的人行为背后可能的原因，改变我们的看法。第4章，详细探讨本书的核心思想：问题并非偶然出现，而是为了帮助我们的精神成长。

下篇：如何与难相处的人相处。下篇主要给出各种具体的技巧、建议，帮你改善或解决棘手的人际关系问题。这里回答了另一个基本问题：我该如何治愈自己的感受，让事情变好？第 5 章，主要从心理学层面，教你如何自己解决问题。第 6 章，主要探讨如何跟难相处的人面对面地交流。第 7 章，主要探讨如何在精神层面指导你解决未来的问题。

　　每章都包含若干小节。虽然这本书是按线性思路写作而成，你也可以只阅读其中感兴趣的章节，因为每个章节都是独立的。

　　每章结尾都有一个"探索"环节，给出了一些练习，帮你深刻理解刚刚接触到的各种理念。如果要做练习，请准备一个专用的本子，并保证它有足够的地方做笔记。

　　多年来，我发现很多非虚构类著作在涉及真人真事时，都会声明为保护隐私而改变了主人公的名字。在收集故事的过程中，我明白了为何要这么做，所以我在本书中也修改了当事人的名字和一些细节。有些故事是综合好几个人的经历改编而成，以便更好地阐释某个观点。在书中，我也讲述了一些自己跟难相处的人相处的故事。

　　在每节的开头，我都喜欢引用一些与内容有关的名言警句作为引语。不过抱歉的是，有的名言警句有性别歧视之嫌。在一次研讨会上，我为引语中大多是男性代词而道歉，一位女士则态度严厉地建议我改掉这些代词。

　　但是我没有改。我所做的，不过是尽可能找一些与女性相关的引语。希望读者能够忽略一些作家的用词问题，比如莎士比亚、马克·吐温，而关注他们的思想精髓。

最后，我冲动一次，回答经常被问到的一个问题："你讲的这些，你自己会用吗？"我的回答："是的。"事实上，我尝试过，但常常功亏一篑。我安慰自己：如果曾经尝试过，就算失败了，起码世界也会少一些麻烦，多一些爱。

目　录

第 2 章　面对难相处的人，我们应该怎么做

第 3 章　难相处的人是如何形成的

第 4 章　我们能从难相处的人身上学到什么

下　　篇　　如何与难相处的人相处

第 5 章　　如何解决棘手的人际关系

第7章　善待难相处的人，成为更好的自己

上 篇

如何了解
难相处的人

第 1 章

全新视角下的人际关系

难相处的人：躲不掉

> 圣经曰：爱我们的邻居，也要爱我们的仇人。大概是因为，他们并无不同。
>
> ——吉尔伯特·基思·切斯特顿

同事总是在跟你唠叨他的生活有多无聊；当邻居听到你再三提醒他家里的狗太吵时，他直接挂断了电话；明知道你刚刚失业甚至面临止赎，同辈亲戚却向你大肆炫耀他们新买的度假屋。

这些难相处的人就这样困扰着我们，他们消耗我们的能量，打乱我们的节奏，让我们轻则伤神，重则伤心。我们反抗、报怨，并试图解决问题，有时候我们能成功，但多数时候是徒劳无益。每个人身边至少有一个难相处的人，他可能是你的老板、邻居或者亲戚，所以心理治疗师们已经形成了一套说辞教我们如何应对难相处的人。

人际交往中的问题各不相同，主题却并无不同。数千年来，人总是会因为受到别人的伤害而痛苦，《圣经》中随处可见各种彼此折磨的故事。我们每遇到一个难相处的人，就会遭受一次生而为人的窘境。

　　遇到难相处的人时，请记住你并不孤独，很多人之前有过类似的经历，还有很多人和你一样正在经历着。此外，你需要记住将来你还会遇到更多难相处的人，躲都躲不掉。

如何定义难相处的人

世界上 99% 的人是傻瓜，剩下的也可能会被传染。

——桑顿·怀尔德

我写这本书最有意思的一点是我能够倾听大家的故事：耸人听闻的、令人捧腹的、让人心碎的……都是难相处的人带来的各种经历。

家庭主妇玛琳对我说她在准备起诉离婚后，她的丈夫就把她所有的衣服卖给了一家名为"善意"的二手商店；杰拉尔德是一名记者，他说有位新闻编辑特别遭手下人嫌弃，在这位编辑去世后，同事们都去参加他的葬礼，只为确认这位新闻编辑真的死了；律师约翰向我分享，说他在度假时，他的新搭档利用约翰精心谋划了一场金融诈骗，导致约翰破产，还卷入法律纠纷好几年……

诸如此类的人和事层出不穷。霸凌者喜欢当面威胁恐吓，阴险小人则当面一套背后一套；自以为是者觉得自己永远都对，莽撞之人稍一招惹就会勃然大怒。难相处的人的类型多到数不过来，包括说得出的和说不出的。

陌生人、邻居、老师、同事、亲戚甚至伴侣，都可能会是难相处的人。难相处的人带来的伤害，有的只是偶有交集的倒霉，有的则是相伴一生的痛苦。难相处的人让我们崩溃，他们不公平地对待我们、取笑我们、忽视我们、让我们失望、伤害我们的自尊、夺走我们的东西、欺骗我们、虐待我们和背叛我们。

我们总爱谈论这些人，会经常在茶水间、心理治疗室甚至广播脱口秀上谈到他们。我们中的某些人会对他们破口大骂，某些人则只是为了寻求共鸣，但人人都想得到改善这种境况的建议。

这些人让我们异常痛苦、沮丧、愤怒或妥协。我们中的某些人只会忍气吞声，某些人却在密谋报复。有时候，我们只会因失意而歇斯底里地叫嚷。

然而，不管情况有多么不同，它们都有一个共同之处：当我们遇到难相处的人时，我们的心情都会受到影响。

判定一个人是否为难相处的人似乎很容易：任何人，只要他的言辞或行为让我们觉得心情不悦，他就是难相处的人。

所以，无论什么人，无论他们做了什么，只要让我们觉得不舒服，就可能是难相处的人。

不同的人，有不同的定义

智慧的艺术就是明白何时应该视而不见。

——威廉·詹姆斯

判断一个人是否为难相处的人，我们都有自己的标准。好比萨姆不喜欢在看电影时有人说话，如果有人说个不停，他就想用甘草鞭子捆住他们，再把吃剩的爆米花和饮料砸到对方身上。他巴不得把所有在看电影时喋喋不休的人都关进小黑屋里，被一群身穿工作服的引座员用手电筒照着，直到他们保证再也不会在看电影时讲话为止。

但萨莉却觉得这些人没什么。在上大学期间，萨莉会在学校里看电影，只是为了跟其他同学一起对着银幕说说笑笑。她喜欢听人们吐槽，能够听到人们对电影里的角色、对白、情节做出的评论，才是她看电影最大的乐趣。

在这个例子中，同样是对待在看电影时讲话的行为，萨姆和萨莉的反应却截然不同。难道不是恰恰说明，一个人是否难相处，其实只是个人的主观看法吗？

鉴于此，也就能理解一个人不是因为他的行为让人觉得他难相处。正如前文所说，一个人之所以难相处是因为这个人的行为让我们觉得心情不悦。

只看到让自己烦恼的表面原因是人之常情，也是一种假象。我们应该真正在意的是自己，是我们对难相处的人行为举止的感受和反应。我们要自问，为何自己的反应会如此强烈。

与难相处的人相处，首先要关注自己的内心，而不是难相处的人做了什么。

换个角度看待难相处的人

你是什么样子，世界就是什么样子。

——玛哈里希·玛赫西·优济

人们总是觉得自己很了解这个世界，相信所见即真实，所以别人做了让我们难以应对的事情时，我们会觉得真相就是自己所看到的。

如果真有这么简单就好了。事实是，所谓的真相有好几种：我们自己眼中的真相，我们认为的难相处的人眼中的真相，见证人和旁观者眼中的真相。每个人都有自己的取景角度，而且每个人都认为自己的解读是最准确的。1950 年，黑泽明执导的日本经典电影《罗生门》，探讨的就是这个主题。他一遍遍地重现犯罪情节，但每一遍都是从其中某一个当事人的视角予以展示，所以每一遍都是一个截然不同的故事。

我们对难相处的人的看法，取决于我们当时的感受。我们在疲惫、生气、怀疑时跟人相处，与心情好时跟人相处，体会是不一样的。此外，对难相处的人的看法还会受我们的过往经验的影响，我们之前遇到的各种事情、受到的各种伤害、犯过的各种错误，都会影响我们现在的看法。

跟难相处的人相处，要记得学会用新的视角看待事物。如果当前你对难相处的人的理解和推测是完全正确的，就说明你现在已经具备了解决问题的能力。

人际关系问题的三大成因

剑会伤人，但剑不会痛。

——菲利普·保罗·哈利

曾经有位朋友动不动就说："人际关系太复杂了。"的确，深陷痛苦的人际关系中的我们常常束手无策，但我们还没完全放弃希望，否则也不会阅读与本书主题类似的图书。

人际关系问题出现的原因各不相同，但最重要的原因有三个：感觉迟钝、沟通不充分和对别人关心不足。如果一个人不为别人着想，或不知道自己的所作所为对别人的影响，又或者即使他知道却也不在乎，那么他一定是难相处的人。

语言和行动的力量是强大的，我们每次所说的话、所做的事，都会对别人有所影响。理想状态下，影响是积极的，能够营造出友爱、令人愉悦的气氛，但是这种影响偶尔也会具有破坏性，极其伤人。多数时候这种影响介于两者之间。

敏感性是指一种预测、理解别人感受的能力。如果我们的感觉足够敏锐，我们就能更好地了解自己的言行举止如何影响别人。敏感性是我们的言谈举止的内在向导。如果我们感觉迟钝，人际关系就会出现问题，因为我们在说话做事时不会考虑别人的感受。

但是，仅仅依靠敏感性并不足以避免人际关系中的所有问题，因为它有局限性。敏感性具有不确定性，并不完全可靠。吉姆可能很关心琼，也总是为她着想，认为自己已经考虑了她的感受和需要，但依然无济于事。因为能够定义吉姆是在帮助她还是伤害她的人，只有琼自己。

沟通很重要。只有认真询问或听取别人的意见，我们才能知道他们对我们的言谈举止的感受。若我们在无意中伤害了别人，但别人没有喊痛，我们就会因为不知道这一点再次伤害对方。如果别人说他们感激我们所做的某件事，我们就会知道自己是对的，会一直坚持下去。当然，如果别人喊痛，而你却不在乎，继续忽略别人的感受，关系就会变得更糟。

有些人可能比较迟钝，做事时不考虑别人的感受。我们中的很多人不喜欢直接说出自己的感受，也不关心别人的感受，所以总有一些人让我们抓狂，而我们也从未停止让别人抓狂。很多时候，我们的满不在乎导致糟糕的关系一直存在，毕竟没有人受得了别人的冷漠对待。

我们如果想解决人际关系中的各种问题，就必须培养自己体贴别人、有效沟通和关心别人的能力。

我们自己，也是难相处的人

我倔强，你固执，他执拗。

——凯瑟琳·怀特霍恩

每个人，包括你自己，对某个人来说，都有可能是难相处的人。扪心自问，你不得不承认自己时不时会让别人感到抓狂。

很多时候，我们都不知道自己正在做这样的事情，但有些人对此确实很擅长，少数人甚至沉浸其中。

不过，不管别人觉得我们有多么烦人，我们也不愿意被贴上难相处的标签。当别人生气时，我们并不觉得自己正在难为别人，还总觉得自己做得没错。

这时，我们会狡辩："我今天心情不好""我不是故意的""我并没有做什么""你活该""这是你自找的"。

这么做只是为了维护自己的形象。注意到别人的行为举止讨嫌是很容易的，但承认自己难相处就太困难了。

　　承认自己的行为影响了别人，就意味着承认我们做了我们自己一直在谴责的事情，同时也意味着我们不能再装作自己比难相处的人强。我们同那些难相处的人并没有什么不同，或者说，难相处的人正是我们自己。

　　要了解我们与难相处的人之间的问题，首先要承认我们自己就是难相处的人。

一种精神视角：难相处的人帮助我们成长

> 世界自有安排，圣人是有的，目的也是有的，早已
> 在命中安排。
>
> ——艾萨克·巴什·维斯辛格

自从上高中后，我就找到了一位固定球友泰德，我们每周都会打几次网球。我们经常去芝加哥温内马克公园，在裂了缝的柏油球场上挥拍，然后一起回到他的家里，听最新的摇滚乐。

打网球时，我更擅长正手反击，发球也不错，但反手击球的能力就不行了。我喜欢跟泰德打球，但我的球技并没有什么进步。直到几年后我开始和别人打球，这些人打球更较真儿，我的球技也有了提升。其中一个对手发现我反手击球能力较弱，就拼命地将球都击向了我的左手边，我不得不多练习我的反手击球。有一次，我被另一个对手耗尽体力，他巧妙地把自己的回球击到球场各处，我也从小跑变成了步履

蹒跚，最终体力不支输了比赛。从此，每当我们一起打球，我就一边气喘吁吁地咒骂他，一边磨炼自己的耐力。

我喜欢跟泰德打球，因为我们是好朋友，我们一起打球很开心，也不追求什么技术。但跟别人打球就没这么自在了，因为他们让我觉得一点也不享受，反而很辛苦。不过我得安慰自己，正是因为他们才让我有了压力，我的球技才有所提升。

我在读研的时候也有类似的体会。我喜欢上气氛轻松的教授的课，而不喜欢上要求严格的教授的课。有些课程既难任务又重，会让人产生焦虑情绪。其中，有一门课可谓"臭名昭著"，这门课的教授对现实世界毫无兴致，却痴迷于复杂到让人咋舌的统计数据。最近有一位校友在邮件中说，在这位教授的课上，同学们所表现出来的友情，就像在面对自然灾害时会出现的团队精神，我看到后乐了。

回首往事，我发现这些课程教会了我许多东西，让我受益匪浅。不管是打网球还是在学校里的学习，我内心的感受跟最终能学到什么之间并没有关系。

我发现，把生活中难相处的人看作网球高手或者要求严格的教授，是很有用的。我不喜欢他们的所作所为，也不喜欢自己当时的感受，但正因为如此，我才有了不可多得的机会来提升自己，一个在其他地方得不到的机会。

我们以前经常犯的错，也是很多人现在依然在犯的错，那就是用自己的主观经验去评价生活。如果生活让我们感觉良好、很开心，没有超出我们的舒适圈，这就是好的生活，值得我们追求。如果生活让我们畏惧、愤怒，或把我们逼到绝地，威胁到自己心满意足的生活，它就是不好的生活，是需要规避的。这种思维定式着实误导人，我们的天性就是喜欢追寻愉悦感，但这并不意味着我们正在向着一个积极的方向前进。

对难相处的人反应强烈很正常也很必要。事实上，我对没有如此反应的人更为好奇。然而，消极的情绪反应并不意味着你遇到的都是坏事，这两点通常并无关联。

假设你可以挣脱情感创伤的束缚，绝对客观地观察让自己痛苦的人际关系，就会发现对方其实是在培养你所隐藏的品质，或是让你面对以前冰封的感情，或是让你用前所未有的方式了解自己。用打网球来比喻的话，难相处的人可以训练你人际关系中的"反手球"能力，增强你在情绪上的"正手球"能力，提升你精神上的"发球"能力。

面对难相处的人，你当然可以咬牙切齿、破口大骂、大喊大叫、满腹牢骚，也可以表现得像完全不相信我说的一样。我也是花了好长时间，承受了很多痛苦，才能够从新奇的角度看待自己的处境。

为进一步探讨，我们设定这样一种可能：真正难相处的人并不是偶然出现的。

如此看来，难相处的人其实是我们的老师，他来帮助我们学习新的看待事物的方式，即只有被迫面对、克服某种讨厌的挑战时才能学到的方式。难相处的人强迫我们直面困境。

我们活着不是为了享乐，虽然享乐是生而为人的意外收获。我们活着是为了发掘自己的天赋，并重塑自己的性格。在这个世界上，只有我们人类才能做到这些事情。

问题的关键在于，如果我们没有做好准备，就无法在这个伟大的计划中做点什么。我们有很多需要学习的东西，但如果我们的内心没有受到真正的刺激，有些东西似乎就无法学会。所以，我请你慎重地考虑这一点，你的生活中绝对会出现一个理想的对手，这个对手的品性恰好对应了我们需要学习治愈的地方。

我们所承受的痛苦可能在当时毫无意义，但回过头来想想，并在内心深处挖掘其意义，最终我们会发现，那些遭遇是改变自己不可或缺的途径。

请你试着用开放的思想，以包容的心态看待自己的人际关系。在阅读本书的过程中，如果你学会了这种方法，不妨用它来检测自己跟难相处的人相处的方式。

把难相处的人看成帮助我们成长的人，是大有裨益的。我们应该关注的不是谁让我们痛苦，而是审视自己的内心，了解我们为什么会有如此境遇，以及应该从中学到什么。难相处的人是在帮助我们发现内心深处需要改变的地方。

🔍 探　索

审　视

目的： 帮助你认清棘手关系中的规律和趋势

下面的练习是这本书中很多理念的根基。完成这个练习可能需要半小时，时间长短取决于生活中有多少让你觉得棘手的人。

我称之为"审视"，它会让你全面地了解自己在生活中遇到的难相处的人，这么做只是为了让你认清棘手关系中的规律和趋势。

你会发现，表1模板很好用，建议你在此基础上另外做一个适合自己的表格，表格可以更大一些，而不是把你想写的内容直接写在表1中。因为里面有些内容你可能也不想让别人看见。表格里每一列选项的说明如下：

姓名、年龄： 写下难相处的人的姓名或者他的姓名的首字母以及大概年龄。

性别： 写下这个人的性别。

工作中还是生活中： 这个人是工作中还是生活中遇到的？

频率：这个人影响你的频率，是一直、经常还是偶尔？

时间：这个人会在什么时候影响你？路上碰到的时候，还是喝醉之后？在你感觉劳累的时候、饥饿的时候、有压力的时候，还是他忽视你的时候、批评你的时候，或是必须一起合作的时候？

你的感受：对这个人的行为你是如何反应的？生气？对自己不满？觉得自己被利用？想要报仇吗？

负面特征：这个人有什么地方让你反感？自负？顽固？苛责？自私？

下面的问题可能会对你认清棘手关系中的规律和趋势有所帮助：

·让你感觉难相处的人，主要是男人还是女人？

·让你感觉难相处的人，主要是长辈、同龄人，还是小辈？

·这些人主要是你在工作当中，还是在生活当中遇到的？

·你在工作中遇到的各种各样的麻烦事，是否已经影响了你的生活？

·在生活中，难相处的人是否已经影响了你的工作？

·你是否同时承受着好几个难相处的人带给你的压力？

·你是否会对不同的难相处的人，产生同样的感觉？

·是否不同的难相处的人的某种相同特质让你感受到了困扰？

·这些规律有没有让你想起过去的某些人？

表 1　审　视

姓名、年龄	性别	工作中还是生活中	频率	何时	你的感受	负面特征

完成表 1 之后，如果你发现了其中的规律，你应该能够清晰地看到。比如，你会发现自己跟工作中总爱批评别人的女性长辈处不来，因为你觉得她们太过挑剔。也许你会发现，你只有在喝酒之后才会与某个人相处不好。这些线索都能让你更好地了解自己的问题所在，这些规律可以帮助你开始了解自己的弱点，以及自己需要治愈的地方。

第 2 章

面对难相处的人，我们应该怎么做

人际关系的六种选择

> 我们一直在编织自己的命运，不论好坏，都无法重来。哪怕是一点善举、一个恶行，都会留下些许痕迹……
>
> ——威廉姆·詹姆斯

你之所以选择这本书，是因为你想得到建议或想要做点什么，并想让我教你怎么解决问题。你很生气，也很沮丧，你希望一切可以结束，这样你就可以回归自己的生活。

我明白你的想法，现在就让我们先了解一下在处理人际关系时你可以做的6件事——6种比较可行的做法。

第1种做法，回避一切。你可以装作什么都没有发生，用逃避解决问题，仿佛万事顺遂。并非只有你一个人这么想，很多人也从未做过什么，似乎最好的办法就是什么都不做。

第2种做法，妥协。你认为和谐重于一切，想方设法接受别人不可理喻的行为，积极主动地给别人想要的东西。

第3种做法，用尽一切方法把你讨厌的人从你的生命中剔除。

你可以转身离开，去别的地方；也可以辞职或者离婚；更可以让那个人立即从你的生活中消失，再也不能打扰你。

第 4 种做法，报复。如果报复有用，法律就没有存在的必要了。或者你按照自己的方式给他们一点教训，教会他们一些道理。想象一下，报复能让你的大脑产生各种美妙或邪恶的念头。有一点共识是，推理小说作家或头条新闻中最喜欢的谋杀罪行，在任何情况下都绝非良策。

第 5 种做法，改变他人。或许这种做法能让对方停止难为你，事情也会因此而改变。如果这个人有所改变，并改变了自己的行为举止，或考虑了你的感受，那自然很好。

第 6 种做法，改变自己。如果你自己能做一些调整，会怎么样呢？如果你用不同的方式和一种截然不同的见解来分析这种情况，并借此更加了解自己，让自己变得更好呢？如果你能让自己的挣扎有意义，并克服和摆脱这些棘手的问题呢？

让我们花点时间分析以上每种做法的含义，你会发现它们的效果各不相同。与难相处的人相处时，我们的有些做法可能于事无补，有些做法只会火上浇油，有些做法却能够改善情况。认真思考自己的做法，或许你无法预知结果如何，但那些结果一定不是偶然出现的，也不会影响很久。

你无法选择面对难相处的人的感受，但你绝对可以选择如何回应。

逃避问题，只会带来更多的消极情绪

> 整个战争期间，贵族可谓毫无作为，并把毫无作为
> 展现得淋漓尽致。
>
> ——吉尔伯特 & 沙利文
> （《艾俄兰斯》第二幕）

遇到难相处的人时，我们的第一反应是逃避、不愿提及或装作什么都没有发生，并扼杀我们内心出现的各种情绪。

多数人每天都会这么做，唯有如此他们才能活下去。有的人反复如此，回避和拒绝就成了他们处理人际关系的主要手段。我认识一个女人，她有一次在跟丈夫吵架后，有 6 个月的时间没有跟丈夫讲过话，但两人依然共处一室。

逃避只适用于一种情况。如果对改善某段关系来说是毫无希望的，冷处理不失为一个可行之法；如果这段关系毫无改善的可能，非要改善也毫无意义。

可惜的是，大多数人选择逃避是因为无助，而无助是昔

日往事的残留物，不会给现在带来任何指示。如果一个人在长大后自己的需求仍未得到满足，且他的事情仍被忽略，他就会认为现在的这个世界与过去并无不同，就会不由自主地认为一切努力都毫无作用，开始逃避人际关系中的问题。

解决这一问题的办法就是放下过去，直面当时当下的新状况。当然，说比做容易多了。

用逃避来应对难相处的人无济于事，原因有以下两个：第一个，问题绝不会变好，什么都不做，问题就会一直存在；第二个，如果我们不将自己的感受表达出来，也会付出代价，因为那些感受会一直留在我们的心里，不会消失。

有时候，这些没有发泄出来的情绪会在我们的行为举止中表现出来，比如暴饮暴食、沉溺赌博、疯狂购物和酗酒，这些都是无法应对别人带给我们的伤痛等消极情绪所导致的后果。

有时，这些情绪会通过我们的身体证明它们的存在。在之前的一个研讨班，也就是本书内容来源的研讨班上，我带领学员进行了一次冥想练习。在练习的过程中，尤其是在做第一次练习时，每当他们想到人际关系问题，就会普遍觉得肩膀紧张、脖子肌肉酸疼和胸口发闷等。实际上，这些身体上的反应我们一直都有，只是通过这个练习激发了两者之间的联系，在这之前人们还无法把身体的反应跟人际关系中尚未解决的感受联系起来。

再进一步理解这个概念。大量医学研究证明，情绪和身体之间存在着某种联系，消极情绪如果得不到释放，就会导致某种疾病，如癌症、心脏病等，还有很多无形的生命杀手都跟消极情绪有关。

只有双方都需要一段时间冷静的时候，毫无作为才会起作用。情绪激动时，搁置一下好过有所行动。我们并非逃避或者否认这些问题的存在，相反我们是有意识地选择什么都不做，这其实也是一种作为。

尽管有时候什么也不做不失为一个好办法，但多数时候这样做并不能有效地解决问题。

回避与别人之间的问题，只会给我们带来更多的问题。

一味妥协，换不来别人的尊重

耐心，是绝望的一种轻微表现，被伪装成美德。

——安布罗斯·比耶尔斯

有时候逆来顺受更容易做到。不管别人有多过分，只要我们面带微笑、忍让、不理会别人，我们就能熬过去。在这种情况下，比起假装没有问题，我们更多地是选择妥协。

我经常听到人们谈论那些难搞的老板和客户，他们对这些人的忍耐能力让我惊讶。其中一位是某四星级饭店的经理，饭店坐落在迷人的科德角海滨度假区。有一年夏天，一位上了年纪的客人总是退掉自己点的菜，还辱骂服务员，前后有三位服务员被他气哭，最后经理不得不亲自出马。经理非常热情礼貌，但在享受了几分钟的最高待遇后，他吼道："收起你脸上那虚伪的笑容，我不想看见你的牙齿。"经理也被气哭了。

有时候，息事宁人在短时间内可能有用，尤其是需要迫切维系这种关系时。虽然错在顾客，但我们都知道，在商界中顾客永远都是对的，让顾客满意，他们才愿意再次光顾，这远比吵架吵赢了重要。生活中亦是如此，当出现分歧，尤其是产生了无关紧要的小矛盾时，退让一步能够避免无谓的冲突。

同时，这也是个明智之举。这次你为对方打开了方便之门，将来对方也能这样对你。比如，在你的伴侣想要看电影时，你虽然不想看，但你下周想要和对方一起出游，所以这一次你还是会陪着去。一旦你想这样做，你就要小心如果你们没有事先讲明条件，反而会事与愿违。

有时候，对方完全掌握了主导权，我们不得不投降。当别人的权势在我们之上时，向对方妥协或许是唯一的选择。

但从长远来看，一味对别人妥协是需要付出代价的。我们会因为被利用，而变得愤怒。一旦难相处的人发现我们总是在妥协，他们就会得寸进尺，我们自己的诉求却越来越得不到满足，我们就会更加愤恨。对非善良之人善良，只会让你失去更多。若你有当"和平使者"的趋势，会为避免冲突一味屈服，请务必慎重考虑你要付出的代价。

那么，什么时候妥协才是机智的选择呢？如果只是偶尔一次，或者是无关紧要的小事，或者是觉得和平更重要，又或者是为将来打算，再或者是处于弱势地位中，妥协则不乏是种良策。如果你将来也不想当受气包，妥协则绝非上策。

妥协并不总是有意义的。

离开是唯一的解决办法吗？

喂，我要离开了。

我无法停留，我只是来告诉你，我要离开了。

很开心我曾经来过，但还是那句话，

我必须离开了。

——格劳乔·马克思的歌

（电影《动物饼干》插曲）

离开可以解决很多人际关系问题。你的老板经常向你怒吼，你甚至听不出他讲话的正常语调是什么——辞职；你的男朋友在你生日时居然带你去麦当劳敷衍了事——分手；你的邻居的家简直是摩托车党的大本营——搬家。

除非你准备向格劳乔·马克思学习，不然不要这么快做决定。

你是否会突然离开，或者在无意中就选择离开？很多人总是在职场中喊"我要辞职"，或者总是在生活中说"散伙吧"，这些人一定懂我的意思。一般来说，如果我们在这种情况下离开，就会留下一堆未尽事宜，需要我们收拾各种烂摊子。

当情况恶化时，想要离开的念头会愈发强烈。人们似乎有种本能，就是远离让我们不舒服的源头，以避免不适。可问题是，有时候这种不适是有好处的。

是的，你没听错。多数时候我们最应该做的是坚持到底。问题在于，什么时候该离开，什么时候该坚持。

这取决于你是想要离开，还是想要坚持下去。面对分离和损失，我们每个人都有自己的处理机制，而且我们考虑更多的是自己的处理机制，而非自己所处的境况。

有的人不管遇到什么情况，第一反应就是逃避，情况越糟，他们跑得越快。

以前我有位同事，叫玛里琳，她特别想结婚，但她每次恋爱都维系不了多长时间。每当和男朋友出现分歧时，她的致命弱点就会显现，并开始搜罗终止关系的各种理由，然后分手。

玛里琳并不明白，爱好相同，比如都喜欢看经典电影、跳舞，不足以维系恋爱关系。每种关系都会遇到各种各样的问题，为了维系这种关系，我们需要具备承诺问题、协商沟通和解决问题的能力。所有冲突都让玛里琳手足无措，不知如何解决，所以每当问题出现时，她就会找一个看似合理的借口避开矛盾。

像玛里琳这样的逃避者，她所逃避的其实是自己的感受，而不是问题。任何事情，只要让他们觉得不自在，就会被他们解读为需要逃之夭夭的外部威胁，而不是需要解决的个人问题。

逃避者之所以逃避，是因为他们过于乐观，认为别处总会有更好的，总是在追逐彩虹尽头那桶子虚乌有的金子。

如果你是逃避者，遇到问题不逃避才是明智之举。这些问题是一个机会，让你学会直面恐惧，治愈自己，同时也教你学会感恩现在所拥有的，而不是总想找寻所谓更好的。

对于某些坚持到底的人来说，他们总是疑心重重，就算事情已经过去很久了，他们也会深陷其中，无法释怀。

这些人需要学会从问题中跳出来，善待自己。回首往事，如果发现自己过于执着，就需要早点发现问题，在对自己造成伤害之前脱身。

这些人之所以深陷其中，是因为他们对未知感到焦虑。尽管当时的情况可能并不乐观，但是对于不能自拔的人来说，他们更害怕自己在逃离后事情会变得更糟。他们会觉得，现状虽然让人煎熬，但自己已经习惯了，总好过去接受一个不熟悉的未来。

有些人之所以深陷其中，是因为他们忠于某个人或某件事，忠诚可谓人际关系的超强黏合剂。另一些人则因为经济原因无法抽身，或者因为自尊心弱，在潜意识中觉得自己就应该被如此对待。

如果你既不是一个善于逃避的人，也不是一个拖沓的人，或者如果你介于两者之间，你凭什么判定自己受够了？

每个人都被此困扰过。我们也都纠结过是离开自己生活的地方、辞职或离婚，还是维持现状。答案是：无解。

不过，从不同的角度看待问题，可能会对我们有帮助。

首先，你需要自问一下你还有多少未尽事宜需要处理。如果你需要离开，你自己和别人之间未解决的事情还有多少？离开是最好的解决方式吗？离开是唯一的解决办法吗？如果你离开了，这些人或事是否会继续留在你的脑海里？

如果问题尚未解决，离开就并非最佳的解决办法。如果你没有尽自己的能力来解决自己和另一个人之间的矛盾，就放任不管，可能从表面上看这个问题得到了解决，但导致矛盾的深层次问题依然存在。

里卡多是一位软件工程师，他热爱自己的工作，唯一不够理想之处就是他和上司的关系不够融洽。多数时候他都在孤军奋战，研发最先进的软件产品，他的能力在公司里可谓数一数二。里卡多的专业能力远超上司库尔特，但库尔特依然要监管每一个项目。库尔特经常质疑里卡多和他的构想，并让他调整每个阶段的起止时间，还会不断要求里卡多证明产品既可以吸引客户，又能为公司带来利润。

里卡多讨厌库尔特管得太多，受够了他的一味干扰和不相信自己的专业能力，就辞职去了一家小公司。在这家小公司里，他有绝对自主研发新产品的权利。可半年后，老板把公司卖给了一家大公司。

讽刺的是，里卡多发现自己又回到了之前的境地。为了缩减开支，这家大公司的经理更是反复要求他修改设计方案。

里卡多不知道职场的基本准则是：只要是在为别人打工，不管你多有才，都不可能为所欲为。库尔特并非多管闲事，他所做的完全是自己的分内之事。库尔特也有上司，他不仅需要对上司负责，还要管好手下，并调整预算支出。

你是否发现，同一个问题会在很多情况中出现。当你想着放任某段人际关系不管时，自问一下其他时候是否也出现类似情况？如果是，你就要想明白若是不能彻底地接受并解决这些问题，早晚还会在其他地方重蹈覆辙。如果当时就坚持解决这些问题，未来就不会再受其影响。

另外，你需要直接衡量离开还是留下，哪个好处更多。

有时候，我们会因为正在遭受某种痛苦选择离开，却没有仔细考虑备选方案。如果我们离开是因为我们有更好的选择，离开就是值得的，但如果我们只是为了逃避，离开就毫无意义。面对未知的未来，我们需要清楚地知道自己的选择，并制订相应的计划。

最终，我们绝对不可以凭借内心的痛苦、快乐等情绪来决定是走还是留。我们一定要想清楚，走或留哪个收获更大；

哪种选择让你有更多的机会认识自己，并了解自己在关系中发挥的作用。我们还需要知道到底怎样做才能让你成长，突破极限。为了学会生命中每个挑战所隐藏的智慧，我们是否能够忍耐到底？

　　坚守或离开是人生最艰难的选择之一。怎么选都没有错，怎么选都能有所收获。因为无论怎么选择，都能让我们变得更好，让我们在下次遇到类似情况时有能够借鉴的地方。

报复的三大动机

我会得到你，亲爱的，还有你的小狗！

——《绿野仙踪》

（邪恶的女巫对桃乐茜所说的一句话）

我刚进伊利诺伊大学时，我所在的宿舍里住了几个粗鲁的学生。有一天晚上，因为第二天要期末考试，那天我睡得很早，当我半夜醒来时我发现有 7 个人正围着我的床，他们抓住只穿了睡衣的我，把我抬到了公共浴室的淋浴器下面，打开水龙头对着我放起冷水来，我被冻得瑟瑟发抖，异常愤怒，他们却认为自己只是在开玩笑。

我没有勇气报复他们，虽然我很想。18 岁的我，满脑子都是如何报仇雪恨的想法，每天都幻想着在夜半时分，等他们烂醉如泥地回来以后，就把强力胶涂抹在这些施暴者的房门上。如果我告诉你宿舍没有私人浴室，你可能就会理解这种邪恶的报复欲了。

报复欲从古至今无处不在。如果被人欺负了，没有谁是不想报复对方的，哪怕只是想想。当然，有些人会付诸行动，有些人甚至因此上了新闻。

报复的动机主要有三个：让自己感觉好受一点、向对方传递某种信息、避免未来受到进一步的伤害。

报复是消除不快情绪的主要途径。如果有人欺骗、背叛和羞辱了我们，我们就会产生一种不愉快的感觉，会迫不及待地想要摆脱这种情绪。报复能够转移这些情绪，让人感觉好受一点，但对很多人来说，看见别人遭到报应是一件令人愉快的事。德语中甚至有专门用于形容这种情况的一个词——"shadenfreude"，有幸灾乐祸之意。

报复带来的快乐是暂时的，是一种假象。假以时日，只要我们还有良知，我们就会觉得难受，因为做了坏事很难还能感觉良好。

报复的第二个动机是为了向对方传递某种信息。根据当事人的愤怒程度，这种信息可能是："你伤害我了，那种痛苦就像你现在感受到的一样！"这种情况下，如果能够让对方自食恶果，报复绝对是最有效的。我们会暗暗希望他们能够意识到自己的错误，为自己的行为感到内疚。

可是，我们都知道这不可能发生。那些人是借我们的手来应对自己的压力，他们最多只是体会到他们对我们所造成的巨大伤害。问题在于，他们并不在乎我们的痛苦，如果他们在乎，一开始就不会那样做。

报复一定要处理得当，否则报复的第二个动机就得不到满足，因为一切伤害别人的行为都是为了满足第一个动机：让自己感觉好受一点。当然，这只针对认为伤害别人可以减轻自己痛苦的人。但是，我们需要找到一个既幽默友好又能刺激对方的报复方法，以便对方领会我们想要传达的信息，且不会永久性地破坏这段关系，这着实需要创意。

有一位朋友曾经向我讲过一个故事。她在一家工程公司工作，有一位男同事不停地给她写情书，而她的投诉总被当成小事不予理会。于是她心生一计，当那位男同事跟上司聊天时，她径直地走上前去，微微一笑，把那一沓情书还给他，并对他说："你好像把这些信落在我桌上了。"自此以后，那位男同事再也没有骚扰过她。

里贾娜·巴雷卡也讲过一个类似的精彩对决。丽兹·汉密尔顿在约翰逊时期的白宫工作过，她最近写了一本书。在一个酒会上，美国史学家亚瑟·施莱辛格对她说："丽兹，我很喜欢你的书，但这本书是谁帮你写的呢？"丽兹·汉密尔顿立刻回应道："很高兴你喜欢，亚瑟。但又是谁念给你听的呢？"

大多数人没这么机灵，反而会张口结舌，就好像被那些人所产生的毒素影响了一样，等事后我们才想起来应该怎么回应怎么做时，已经来不及了。

报复的第三个动机是为了避免将来受到进一步的伤害。有些人只要有机会，就会发挥自己让人讨厌的能力，而我们的报复能让他们明白一个人需要为自己的所作所为付出相应的代价。

不过，如果把报复当作一种预防途径，就会出现问题。报复跟药一样，也有副作用。因为，报复会愈演愈烈。如果你报复的人也要还击，报复就会变成一种恶性循环。

另外，报复造成的伤害可能是永久性的，在人际关系中留下的伤疤可能永远无法愈合。正因如此，对不想再有交集的人，我们会进行最残忍的报复。要知道，报复绝非修补关系的良策。

所以，面对难相处的人，报复是一种可行的做法吗？答案取决于报复是否可以满足这三个动机。如果我们只是为了治愈个人痛苦，比起增加痛苦，必定会有更好的途径。本书稍后会介绍一些方法，教你如何应对难相处的人给你带来的各种感受。换句话说，当你被伤害后，报复对方可能会让你感觉舒服，但肯定还有其他方式，既不用伤害别人，还能让你更愉快。

如果我们是为了传递某种信息呢？这就需要我们具有一定的水平，想出恰到好处的报复手段，同时又不用撕破脸皮或反目成仇，还能起到教育人的作用。在计划报复对方时，人通常处于愤怒之中，无法考虑清楚报复会带来何种后果，等他冷静下来再进行思考时，报复的欲望也就随之冷却。就算有人能够想出合理的报复手段，也无法确保对方就一定能明白你的用意，相反，他更有可能会认为你很蠢。复仇既非处理情绪的有效手段，也非传递信息的高效途径，太过迂回、效果不好，又只是一厢情愿。

那么，如果是为了预防再次受到伤害采取报复手段呢？是否应该还击？最佳办法是，申请法律援助和寻求社会救助，而非报复对方。应对虐待的方式有很多种，在工作上，我们可以求助于人力资源部门，或者向相关部门投诉；在生活中，我们可以走法律途径。

无论什么时候，暴力都是不可取的行为。当一个人的权利受到侵犯时，他绝对有权阻止此类事件再次发生，但是他应该一开始就向警察求助，而非报复。互相施加暴力这种方法很危险，也很冒险。

我们最好把报复欲当成需要克制的诱惑。假想报复有益于身心健康，但也只能是在头脑中想象一下，一旦付诸行动，就会越过底线。当我们萌生了报复的念头时，我们无须付诸行动，反而应该反思：为什么我们会愤怒，我们的自尊是如何被践踏的，这反映了我们内心哪些不为人知、令人羞耻的一面。

报复是一种途径，可以让我们夺回我们被别人抢走的那部分自我。通过幻想，我们可以知道自己想夺回什么。比如我的 7 个室友把我丢到公共浴室里时，我觉得自己无能为力，所以我当时就幻想用涂抹强力胶的方式来报复他们，其实这说明了我在内心中有把他们囚禁，以显示自己非常强大的想法。

假想报复毫无害处。报复本身是一种完全自私的行为，只是为了满足个人私欲，却要以伤害别人为代价。报复能让我们感觉好受一点。但报复不会让我们更体贴、更关爱别人，也不会让我们之间的沟通更有效。报复无法让社会变得更美好，法律就是专门用来避免私人的报复行为的。

也许最有效的报复方式，是利用别人带给你的痛苦去认识和提升自己。如果你的邻居中有恶霸抢走了你儿子的午餐钱，你就送你的儿子去学武术；如果你的同事跟你的上司告你的状，你就上夜校，用最新的互联网营销能力让你的老板对你刮目相看。

17 世纪，英国诗人乔治·赫伯特曾说过一句话，放在今天依然适用——

好好生活是对敌人最好的报复！

改变难相处的人：不太可能

> 如果别人无法按照你的意愿生活，请不要生气，因为你也不能按照自己的意愿生活。

> ——托马斯·阿·肯皮斯

在应对难相处的人时，很多人期望对方能够改变他们的所作所为。我们总是希望他们不再做让人抓狂的事情，或者希望他们按照我们的意愿做事。这样的话，我们一定会感觉很舒服，光是想想就会觉得很舒服。

可惜，这种想法会将我们置于窘境。

这种想法的问题在于，我们把自己的幸福寄托在了别人身上。如此一来，别人的行为就会影响我们的想法。如果别人很好相处，我们就会很高兴；如果别人很难相处，我们就会变得抓狂。我们的感觉会被别人的行为影响，而我们又很难甚至根本无法控制他们的行为，最多只能努力让他们改变。如果他们真的听得进去，并有所行动，我们就会觉得很舒服。

但多数时候这种感觉是暂时的，因为人们经常会重蹈覆辙，到了那个时候，我们也只能回到原点。

如果你曾经试着观察自己是如何改变的，就能马上理解为什么难相处的人不可能主动改变自己了。就算你动力十足，改变也不会一直发生。现在，想一想那些难相处的人，改变对他们来说有什么好处。

为了更好地应对难相处的人，必须牢记：让对方改变是不可行的。

改变的三大基本因素

没有什么比别人的习惯更迫切需要改变的了。

——马克·吐温

让我们暂且忘记无法改变别人的事实，假设别人确实能够被改变，毕竟也确有此事。你看，有些人曾经酗酒，但他们也确实戒了酒；有些人总爱批评别人，但最终他们也克制住了自己；还有一些人情绪不稳定，但他们也学会了成功地控制自己的情绪。

为什么有的人能够改变，有的人却不能？为何我们的努力对一些人有用，而对另一些人却丝毫不起作用？我们知道，一个人想要改变需要具备三个基本因素：意识、意愿、能力。

首先，这个人必须意识到自己的行为对别人造成了困扰，否则，他依然会我行我素。比如你的秘书一整天都在打私人电话，这让你很愤怒，但如果这个人没有意识到自己的错误，而你也不直接说出来，这个人就会继续这样做。

其次，这个人必须有想要改变的愿望。难相处的人如果想要改变，一定是因为改变是唯一的出路，否则他们就不会改变。他们为什么要改变？旧习惯不会轻易消失，只有动力足够大才会导致改变的发生。想要人们真正付出努力，就要给予他们一定的回报。一定是因为某段关系对他们来说很重要，或他们很在乎这段关系，他们才会改变。一定是因为改变的利大于不改变的弊，他们才会改变。你的孩子会突然打扫房间，只是因为你会给她一定的奖励，或者是她不打扫房间就会受到某种惩罚。

最后，这个人必须有能力改变。理想状态下，每一个人当然能够按照自己的要求做出改变。但在现实世界中，就算努力尝试过，很多人也一样做不到。就好像减肥的人体重会反弹一样，戒酒的人还是会再度酗酒，脾气差的人在控制了一段时间后还是会发火。

那么，我们如何做才能让别人改变呢？方法有以下三种：权力、影响和关爱。

改变别人是有可能的，但我们必须知道自己在做什么，并需要知道对方是否愿意接受我们所做出的。

通过权力强迫别人做出改变

> 权力是什么？权力就是手中握着别人的恐惧，然后
> 展示给他们看。
>
> ——谭恩美

权力就是一种能够让别人去做他原来不愿意做的事情的
能力。要做到这一点很简单，我们首先得拥有权力的来源。

权力的一种来源是金钱，或者说奖励性权力。为公平起
见，我得有资本让你按照我的要求做事。假设我手中有你想
要的东西，如果你答应我的条件，我就会把它给你，那么我
就拥有了权力。

权力的另一种来源是惩罚。要让别人去做我们要求的事
情，恐惧绝对是个好法子。当然，在人际关系中，恐惧不利
于培养亲切友好的关系。

权力还有一种来源，那就是一个人的身份。老板、父母、
老师，这些身份天生就具有一种权力，在某种既定关系中，

能让别人按照自己的指令做事。一旦跳出这种关系，权力就不复存在。

行业专家也拥有一定的权力。当你的医生让你按照他的要求做事时，你肯定会照做，因为这位医生具备你没有的医学知识。

魅力也能带来权力。如果你尊重、仰慕和敬畏某人，你就会听从这个人的吩咐。有人将一生的精力都投入了某项事业当中，只是因为喜欢这项事业的倡导者身上的魅力。

如此一来，要应对难相处的人似乎就简单多了。掌握控制他们的权力就可以了，实际上这也是很多人一生的努力和追求。他们追求权力，试图让别人服从自己，用财富或者恐吓控制别人。

拥有权力的确能让人生少些烦恼，但也会导致新的问题。

仅仅靠控制维系的关系让人觉得孤独，我们都听过"高处不胜寒"这句话。据我所知，没有人喜欢被强迫着做事。一个人出于无奈时可能不会反抗，但也绝不会对权力支配者有好感。也就是说，只要你不在意别人对你的看法和感受，就可以通过权力改变别人。

如果一个人因为个人原因追求权力，却又无法合理运用，他就会变得更危险。如果一个人未能将权力和智慧有机地结合起来，或只为一己私利而非别人福祉，掌权者必定会被腐化。要做好一件事情，权力不可或缺，但如果一个人是为了满足个人需求而使用权力，就会暴露本性，丧失可贵的品质。当我们试图寻求用外在权力掩盖内心的无能为力时，必定会有麻烦。

用权力应对难相处的人，就像开车轧核桃一样，可能有用，但绝非原本的设计用途。

通过影响改变他人

我们绝不向恐惧妥协，但也绝不害怕妥协。

——约翰·肯尼迪

影响，也是改变别人的手段，但这需要当事人有改变的意愿。当我们使用权力使别人听从我们时，我们是在强迫别人做出改变。但当我们使用影响这个手段时，我们是在请求别人改变。日常生活中，影响别人的手段有很多种。

举个例子，假如你的一位同事兼好友因肺癌去世，你非常难过，开始担心自己那吸烟很凶的妹妹，并决定劝她戒烟。

影响别人的第一种方式是摆事实、讲逻辑。你可能会提醒你妹妹抽烟对健康有害，或者告诉她没有老板喜欢雇用抽烟的人，让她小心找不到新工作。

影响别人的第二种方式是协商谈判。你可以对你妹妹说，如果她戒烟半年以上，就奖励她去加勒比海度假，或者做出承诺：如果她戒烟，你就减肥。

影响别人的第三种方式是威胁恐吓。你可以对你妹妹说，如果她不戒烟，以后就不要来你家，或者警告她以后你们每会面一次，你就唠叨一次，直到她答应戒烟为止。

相反，我们也可以用和善温暖的方式影响别人，比如告诉你妹妹你很爱她，也很担心她的健康。

有时候，我们还会强强联合，以让影响更有力。下一次家庭聚会前，你可以提前给每个家庭成员打电话，准备晚饭后跟你妹妹来一场集体对峙。

让对方愧疚也是一种经久不衰的方法。你可以跟你妹妹说你们的母亲有多担心她，告诉她如果她的女儿们没有了妈妈将会有多可怜。

有时我们也可以试着间接影响别人。比如联系当地的癌症协会分会，请他们寄一份资料给你妹妹，或者只字不提她的烟瘾，只是告诉她你朋友去世你有多难过。

我们也可以直奔主题。你可以直接告诉你妹妹让她戒烟，告诉她要抽烟就到房子外面去抽，而不是让她愧疚、威胁她、暗示她、跟她谈判、求助别人或者列举事实。

这些方法可能远远不够，但已经为你提供一定的参考了。

只是这么多方法中，我们应该选择哪一种？在什么时候，用什么方法才会最有效？

写本书之前，我花了很多时间研究其他探讨与难相处的人相处的著作，它们几乎无一例外地会给出具体的建议，教你选择特定方法，以期有效应对各种难相处的人。这些书罗列了难相处的人的类型，读者要根据具体情况判断对方属于哪种类型，书中针对每种类型给出了相应的方法，教你如何应对难相处的人，如何不说错话。

如果你想使用以前的心理学方法，或者按照别人的建议来处理某一种情况，这些书会很有用，但从长远来看，这些方法不会一直有效，毕竟大家都有自己影响别人的风格和偏好。我们首先会选择那些在我们的成长过程中被证明有用的法子。小时候，如果我们想从父母或其他成年人手中得到什么东西，就会用某种特定的方式说话。长大成人后，由于习惯和潜意识的影响，我们会继续采用这种战术。如果这种方法没用，我们就会感到惊讶和失望。

想要更好地影响别人，我们首先需要了解自己喜欢的风格，并掌握如何在合适的时机更换风格。

我一生最尴尬的事情就是没法有效地影响别人。如果我想从熟人那里得到想要的东西时，我会一直坚持，直到对方生气了为止，这一点很难改变。我从不轻易放弃，直到对方明确表示拒绝或者屈服。小时候，这招很管用，但当我的不依不饶（熟人所说的毫不客气）没有产生想要的效果时，我就会生对方的气，并且我也没有意识到，最起码从一开始就没有意识到，我才是问题的根源。

有时候，我们说某人难相处，并不是因为他的为人处世，而是因为我们没能对他们造成影响。我们想要他们给出一个肯定的答案，可他们并没有。我们总是忽略自己在棘手问题中的作用。

我不仅没法影响别人，还总是被别人用各种各样的招数影响。最难忘的是我 20 多岁时，在一家非营利组织工作。有位同事为了让我屈服，总是不停地打击我的自尊。每当我的观点跟他相悖时，他就会贬低我，让我觉得自己很不堪。可惜那时的我还不够聪明，没能让他知道他的行为有多么让人不可接受，并阻止他继续针对我。这一招通常很有用，大家为了息事宁人，宁愿答应这个人的条件。这个人的确得到了自己想要的东西，不过代价是没人喜欢或尊重他。

有时候我们能对别人造成影响，有时候却不能。不过，什么叫作能影响别人？是能够得到自己想要的东西，还是有什么别的考量？

判定依据其实有两种。最典型的一种无非就是我们是否得到了自己想要的东西，另外一种则不太明显，即我们所采取的行动是维系了关系，还是让彼此更为疏远了。你也许会说，关键在于找到一个方法，既能满足我们的需求，又能考虑到别人的感受和利益。

回顾一下你为劝你妹妹戒烟而想采取的各种方法，有些可能有用，有些可能没用；有些能改善你们之间的关系，有些则可能会伤害你们之间的感情。

一般来说，直接和以理服人的方式要好过间接和无理的方式。我们都喜欢讲道理、真诚待人和彼此商量，而不喜欢被威胁、被操纵、被暗示和被欺骗。要想成功影响别人，关键是要尊重对方，既让对方知道你的需求，又不损害自己的利益。在第 6 章中，我们会探讨一些方法，既能使我们影响难相处的人，对其说出我们的诉求和顾虑，又不会进一步伤害彼此之间摇摇欲坠的关系。

最后总结一下，要通过影响改变难相处的人，只有当你知道自己在做什么的时候，这种方法才有用。

影响别人这种技能需要学习，而且和其他技能一样，不管成功还是失败，有的人总是很擅长，有的人则不行。影响和我们关系很好的人并不容易，而影响难相处的人则是一门艺术。

用爱把敌人变成朋友

爱，是唯一能把敌人变成朋友的力量。

——马丁·路德·金

改变别人的第三种手段是爱，这是最强大、最治愈、最能改变别人的方法，同样也是最难的方法。《圣经》只说要爱我们的敌人，却没有说让我们怎么去爱。

有史以来，文学作品的一个永恒主题是通过爱感化难相处的人。很多电影讲的也是一个难相处的人，如何在别人爱的感召下改邪归正的。这些人性转变的故事总能触动人的内心。

尽管爱是影响别人最有效的方式，却无法通过技巧、练习或咨询习得。爱心是培养出来的，要历经数年，爱是一种状态，是通过不懈努力获得的。

如果你能够做到不管对方做了什么，都依然爱他们，那么你就是值得尊重的。天地万物中没有什么比这更能治愈痛苦的了。

改变自己是一场内在革命

> 人应该认识到，自己和别人之间的冲突，不过就是
> 自己内心冲突影响的产物。
>
> ——马丁·布伯

回顾一下，到目前为止我们探讨的应对难相处的人的方法，我们会发现毫无作为只会遗留更多的问题，而妥协只能在短时间内改善情况，走投无路则是别无他法时的下下策。报复可能会让你感觉舒服一些，但它是一种自私的行为，会破坏以后的关系，而成功改变别人需要技术和策略。

现在我们只有最后一个选择了，那就是改变自己。如果我们仔细思考一下，我们就会意识到，这是唯一能掌控我们行为的做法。我们无法正确预测别人的反应，但却可以掌控自己的行为。

改变自己对难相处的人的反应是很容易的，无非就是不理会对方。这就对了，我们只需忘却自己对这件事的感受，

就会不再为此烦恼。

真正放下是一种解放，但几乎没人能做到，情绪是自发的，没有人能随意打开或关闭情绪。有的人看起来仿佛能够关闭情绪，但他其实是在压抑自己，不利于身心健康。而且，如果一个人明明在意却假装不在意，那他就是在自欺欺人，没有什么用处。

那么，如果我们不能让情绪消失，我们应该怎么改变自己呢？

从根本上说，改变自己首先得从情绪开始。面对难相处的人，我们的反应多是情绪上的，不管我们有没有意识到，我们所说的、所做的事都是对自己不愉快的感受的一种反应。如果我们能够关注自己的感受，就能了解自己的问题所在；如果我们能够学会应对情绪，而不是抵抗情绪，就能做出更合理的反应。更多时候，我们是在对抗自己的情绪，而不是别人。

要改变自己，我们还要改变自己看待问题的视角和方式。如果我们能够重新看待困境，把它看作了解自己、提升自己的机会，就会大有收获。改变视角是指从当前的境况中发现并纠正自己的缺点，而不是别人的。

最后，如果世界是由一系列随机事件组成的，并且我们活着也确有目的，改变自己就意味着在痛苦中寻找精神意义。在接下来的两章中，我们会学习如何从精神层面看待困境、聚焦困境，这样我们才能通过奋斗变得更好。

许多书在探讨应对难相处的人的具体方法时，都会告诉你在某种场景中应该说什么、做什么。但这本书不是，我不是教你在什么情况下采用什么策略，而是帮你促成你的内在的改变，为你以后应对各种人际关系打基础。正如本书所说，如果生命中的某些人是为了帮你获得精神力量，那么你真正需要学习的不是跟这些人说什么，而是提升自己，并发现困境背后的精神意义。

应对难相处的人最有效的做法是个人成长，内在变化最终会导致外在改变。

探　索

应对难相处的人的方法

目的：找到自己应对难相处的人的主要方法

每个人都有一套应对难相处的人的方法，回忆一下以前跟难相处的人相处的情况，你是怎么做的？

- 你是回避问题，还是假装一切安好？
- 你是主动示好，还是积极取悦别人？
- 你是想要一走了之，还是真的就离开了？
- 你是否考虑过还击或者报复对方？
- 你是否求助过相关部门或申请法律援助？
- 你是否尝试过改变对方正在做的事？
- 你是否问过自己，从这个问题中学到了什么？

正如本章前面所述，每种做法都既有优点又有缺点。如果只依赖一种选项，我们就需要想清楚是否能达到最优效果。

第 3 章

难相处的人是如何形成的

了解你的敌人

战争第一守则：了解你的敌人。

——萨姆·金恩

新英格兰此刻正值寒冷一月中旬的早上，两支球队正在互相研究对方的比赛视频，备战即将到来的"超级碗"橄榄球赛。与此同时，一桩离奇的凶杀案引起了全国关注，美国联邦调查局专家公布了凶手的心理侧写。

不仅是一月，一整年美国的律师都在煞费苦心地分析对手，忙着研究各种法律条文，备战即将到来的庭审；某些公司的市场研究员在认真剖析竞争对手的最新产品，试图找到更好的产品进军市场……

这一切都有一个共同目标：更好地了解对手。

在前一章中探讨了应对难相处的人的几种方法，但是否有能力选择最有效的方法，很大程度上取决于我们要应对的是怎样的人，因为了解对手有助于成功解决问题。

在这一章中，我们会探讨为什么有的人很难相处。我们有两个目标：一是解决眼前的问题，二是防止将来再出现此类问题。在探讨中，我们会考虑问题的出现是环境使然还是人为原因，也会评估难相处的人应负的责任。

要应对难相处的人，必须了解对方是谁，了解对方为什么会那样为人处世。

角色影响行为

我的职责就是服从命令。

——斯通威尔·杰克逊

如果你问律师罗杰让他最痛苦的人是谁，他会脱口而出：律师戴维——客户丈夫的代表律师。这场离婚官司打了很久，十分麻烦，两位律师不停争论、不断提交新的证据。罗杰从来没有遇见过像戴维这样顽固不化的律师，这让罗杰执迷于打败他，以赢得最好的结果。

一个周末，两位律师在商场不期而遇，还带着自己的孩子。这是他们第一次在法庭外见面，没有客户在场，彼此都很惊讶，但还是小心翼翼地打了招呼。罗杰意外地发现戴维特别友善，也很通情达理，完全不像法庭上的样子。看着孩子们在喷泉边玩耍，他们放下戒备交谈起来。在交谈的过程中罗杰发现，戴维不过是在做自己分内的工作，客户才是那个让人头疼的人。客户不惜一切代价要打赢官司，戴维在法庭上表现出的无理取闹都是客户所希望的。他不喜欢那样做，但是客户如此要求，要想留住客户，就必须服从客户的要求。

在不讲理的情况下，明事理的人就会变得难相处，但他们可能只是受当时形势所迫才那样做的，如果我们愿意花时间换位思考，就会发现在同样的压力下，我们也会做出相同的举动。

一些难相处的人并非不好相处，只是因为受困于特定情况或者角色，他们才会如此行事。

不同的人，不同的视角

> 上帝创造不同的本意，不是为了分裂，而是为了更
> 多元。
>
> ——俄德罕

伊丽莎白曾在美国中西部的一个州政府中担任要职，因为表现突出，她获得了州长办公室特殊津贴，这可以说是实至名归。她做事有条理、肯吃苦、按时交工，并乐于帮助同事和民众。她在生活中也是一样，深受朋友与家人的喜爱。她从未忘记别人的生日，还总会恰到好处地给别人写信表达感谢。作为市民委员会的委员之一，她是责任和体贴的化身，被认为是非常可靠的人。

但问题是她自命不凡，还总觉得自己很有能力，并希望所有人都能像她一样，按照她的标准生活。所以，别人如果忘记了她的生日，或工作逾期，又或者办公室太乱，她就会变得很苛刻，甚至挖苦讽刺对方。

伊丽莎白觉得身边的人都很难相处，但他们只是与她不一样罢了。

很多人用尽一生，想知道别人错在哪里。事实上，我们都在用自己的标准评价别人，在从自己的实际情况出发，去看待别人的生活，然后发现他们的不足。如果别人有跟我们相同的优点，我们就会钦佩他们；如果别人的行为与我们的价值观不符，我们就会诋毁他们。我们很难站在别人的视角，从完全不同的角度看待这个世界。

人各不相同。每个人的脾气、价值观和性格都不一样，且天资迥异、兴趣各异、目标不同。他们并非总像我们想的那样难相处，他们只不过是在做真实的自己。受原生家庭价值观、生活经历、文化宗教背景和基因遗传等的影响，他们看到的世界与我们不一样。

有些人只是跟我们不一样，就被视为难相处的人。只是我们没有意识到，他们看待这个世界的角度跟我们不一样，而他们的角度当然也是合情合理的。

无知，却不自知

> 最糟糕的事，是不知道自己的无知。
>
> ——圣杰罗姆

以前，我有一位朋友，名叫鲍勃，他经常不敲门就直接闯进我的房间，我批评过他好几次，但他依然如此。鲍勃的行为带有侵犯性，令人感到讨厌，但他并不知道就这样闯进来很不妥。

尽管如此，我们还是朋友。后来我参观了他童年居住的地方。当我看到他小时候的卧室时，我才发现它没有门，那一刻我突然明白，鲍勃为什么不懂得尊重别人的隐私了。因为在成长过程中，鲍勃一直处于没有隐私的状态。

我们所接受的教育有两种。一种是学校教育。如果我们没能接受正规的学校教育，或者受教育程度不足，就会影响我们未来的就业选择和收入。

另一种是家庭教育。如果我们在一个有缺陷的家庭长大，我们的社交能力就会有一定程度的缺失，与人交往就会有不得体之处。

对某些难相处的人最好的解释是没人教过他这些基本道理，他们对此一无所知。对别人来说是理所应当的行为，他们却没能在自己的成长过程中学到。

当我们觉得一个人身上存在一些让我们很费解的行为时，我们不妨这样思考：这可能是这个人无意识的行为。一些举动对你来说，可能顺理成章，但对别人来说却未必如此。

不幸的人，一生都在治愈童年

> 儿女逃离我们的牵线控制，
>
> 留下一堆乱糟糟的线，
>
> 转而跑进黑压压的人群中。
>
> ——玛克辛·库敏

　　想象一下，你不止有一位老板，而是两位。在工作中，两位老板的意见经常不统一，有时给你的工作甚至是相悖的，你总是耗费更多的时间完成其中一位给你布置的任务。另一位会时不时地出现一下，但好像并不知道你做了什么。工作中要报怨的事情太多了，总有人经常让你做一些荒唐的事，却没有人认真地对待过你。还有一些小问题：洗手间经常脏兮兮的，咖啡也总是不够喝，椅子坐着不得劲儿。然而，不管是口头报怨，还是用行为表达，老板们似乎从来不明白你的意思，就像他们听不懂你的语言一样。他们在听取意见的时候好像饶有兴致，甚至会时不时地看看你，定睛凝视你一小会儿，但多数时候他们都在想自己的事情。如果是其他公司的人来拜访我们，情形会更让人讨厌。老板们做的事让人厌烦，他们会一直关注你，你巴不得他们赶紧离开。实际上，这份工作较为清闲，且工资待遇还不错，最起码这一点还说得过去。可反过来，因为这一点，你没有办法谋求更好的工作。

不管是否熟悉，每个人都经历过这些状况。其中，老板映射的是我们的父母，工作状态则反映了我们在童年时接受的教育。

在婴幼儿时期，我们很容易受到环境的影响，我们对环境既高度敏感又毫无抵抗力，那时候的人际关系会影响我们的一生。

很多临床心理学、精神病学都研究过人们早期与父母、兄弟姐妹和照料者的关系，以及这些关系对现在的我们有什么影响，即移情。对幸运的人来说，他们的童年充满了爱，过得很滋润、很健康，这些人的童年没有什么难解决的问题；在认识新的朋友以后，过往也不会干扰现在，所以这些人更容易接受别人。

但对另外一些人来说，他们在童年时遗留了太多的问题，在与人交往时，无形中会把别人映射到过去的某个人身上，而不会把别人看作一个独一无二的个体。

所以，某些人很难相处的另一个原因就是他们把自己困在了过往之中，他们把你和另外一个人联系起来了。于是，你在不知不觉中成了他们复杂剧本中的一个角色，而且还是你不了解的角色。

几年前，我就职的公司来了一个很不错的人，他叫乔尔。他对大家总是热情示好，人也很有魅力，一开始我们相处得还不错。但是不久之后，我发现他做的很多决策有很大的问题。

在我试着跟他讨论这些决策时，他的表现一点也不像员工该有的样子。他对我的态度转变很大，我突然成了他的敌人。他不再在意我的意见，也不问我有关工作的事，且坚信自己是对的，而我是错的。

很快，我就发现这种变化不只针对我一个人。在工作中，凡是跟他有分歧的男同事，他都一步步地疏远，转而向办公室里的女同事诉苦，说所有的男同事都不理解他。在重压之下，他很快就换工作了。我后来才知道他的上一份工作也是这么辞职的。

原来，乔尔和他的父亲一起长大，他的父亲不喜欢他，不管他做什么他的父亲都会批评他，于是他只能从母亲那里寻求慰藉，以此缓解父亲的批评带给他的痛苦。

成年后，乔尔不管在哪里，都会复制这种童年模式。只要有人批评他，他就会把这个人想象成和父亲一样的人，而他周围的女性就成了他的母亲的替代品，为他提供他所苦苦寻求的精神支持。

从乔尔身上，我收获了很多有用的见解。首先，当遇到有人很难相处时，我们不必自责，他可能并非在针对我们。这样的问题可能会发生在与每一个难相处的人意见相悖的人身上，而我恰恰是其中一个。

其次，我发现当遇到难相处的人时，我可能会被他当成他过往经历中的某个人，而不是我自己。乔尔最终把所有的男同事都当成了仇敌，却没有意识到他的过去对他产生的影响。对乔尔来说，工作中的每一位男同事都比较讨厌。但是，如果这种问题乔尔有，我也可能有，且无法避免。现在，觉得某个人很难相处时，我总是会问自己，他是不是也让我想起了过去的某个人，所以触发了我以前的感受。

当一个人难相处时，会出现两种情况：你会让他想起他过去遇到的某个难相处的人，或者他会让你想起你过去遇到的某个难相处的人。

难相处的人，容易被情绪左右

不会痛的人总是会惩罚会痛的人。

——梅·萨藤

格兰特亲手创立了一家软件公司，因此他非常自豪，觉得可以把自己的金融和工商管理能力与非凡的电脑才能结合起来。他的才华和能力，使他能够不断地研发新产品，以满足东海岸许多银行业和金融服务业客户的特定需求。随着公司的壮大，他开始分身乏术，不得不让自己的员工负责维护客户的工作。

可问题是没有人能够胜任。格兰特旁边办公室里的人会经常听到他的咆哮，因为他认定自己的员工无法胜任维护客户的工作。很多人虽然没有被辞退，但也受不了他的恶语相向，最终辞职。如此一来，公司的生意就受到了影响。

格兰特拥有硕士学位，但是他的情绪管理能力却处于幼儿园水平。他控制不了自己的情绪，最终无法顾及他对别人的影响。

丹尼尔·戈尔曼在他的《情商》一书中，阐述了能够掌控情绪的人所具备的特质：

·能够意识到情绪的出现。他们除了才智，还有另外一种认知方式，能够帮助他们做出更正确的决策。

·当负面情绪出现时，他们可以控制自己的反应。

·在追求目标时，他们可以延迟满足感，遏制冲动，并合理利用情绪。

·能够照顾别人的感受。

·能够有效地感染别人的情绪，以建立或增强人际关系。

很多人难相处，是因为他们缺少上述某种品质。像格兰特这样的人，就是因为在人际交往方面情绪管理能力不强，才会让人讨厌。

无法言表的情感创伤

在内心的深处，是无声的伤口。

——维吉尔

苏珊娜这些年很倒霉。她先是失业，然后又流产了好几次，每次失去孩子后她都会难过很久。再后来，她的奶奶去世，她更是陷入伤痛之中不能自拔。

小时候，每当苏珊娜去奶奶家，在午休时，奶奶都会拿一条小毯子盖在她的身上。毯子上有一股奇妙、无法描述的香味，上面满是温馨舒适的回忆。因此她请求姑妈——奶奶财产的遗嘱执行人，把毯子交由她保管，不仅仅是留作纪念，更是用它来治愈她的所有伤痛。

但是姑妈拒绝了她，她的所有痛苦在这一瞬间彻底爆发。她开始大喊大叫起来，对姑妈破口大骂，然后又哭了好久。

不知道苏珊娜经历的局外人可能会说，她反应过度、不可理喻、难相处。但在苏珊娜看来，姑妈才是那个不可理喻的人，因为她拒绝了苏珊娜的请求，也忽略了苏珊娜这几年来的悲惨经历对她造成的影响。

苏珊娜过于悲伤，才会不顾场合做出反应过激的行为，就像别人拍打她的后背，却不知道她的后背的晒伤很严重一样。

有些人就像苏珊娜一样，反应过激是因为近期的遭遇导致情感受伤。不过，很多情感创伤可以追溯到童年时期，并在无意识中发作。这些创伤使得人们在面对原本平平无奇的事件时，也会做出过激反应。人们会用尽一切方法避免产生与旧伤有关的情绪。

并非只有难相处的人才会有情感创伤，我们大家都有。也正是因为如此，深埋在我们内心的旧伤才会被触发。

有些人难相处是因为他们在情感上受过伤，我们的情绪反应恰好也能让我们清楚知道自己的情感创伤所在，并暴露我们内心需要治愈的地方。

自卑：一种典型的致命情感创伤

如果我们不能接受自己，我们就不可能快乐。

——马克·吐温

斯蒂文很讨厌自己，身为男生的他体格柔弱，不怎么受欢迎。在上高中时，他的痤疮很严重，经常被同学奚落嘲弄。面对污言秽语，他学会了以牙还牙。后来他的痤疮治好了，在情感上却留下了永久的伤疤。

好在斯蒂文很聪明。他在大学里读的是工程专业，成绩不错，后来他又拿到了包装专业的更高学位。他毕业后便在某大型企业为食品行业的各种产品设计包装机器，工作可谓风生水起。

不过他的言语攻击能力，并不亚于他的专业能力。同事们都会远远地躲开他，以免成为他含沙射影嘲讽的对象。如果斯蒂文感觉自己被攻击了，他就会像发射连珠炮一样还击。斯蒂文的自我意识很脆弱，以至于他不得不与别人保持一定的距离来保护自己。

有些难相处的人的行为是由自卑引起的。自卑是一种典型的致命情感创伤。自卑的人为了保护自己不再受到伤害，会采取各种方式与人相处。

有些自卑的人，像斯蒂文一样选择用言语捍卫自己；有些自卑的人为了避免被拒绝，选择独处；有些自卑的人渴望被同情、被关注，会不停地寻找愿意倾听的耳朵或可以依靠的肩膀；还有一些自卑的人戴着面具，从不敢露出真面目，因为一旦如此，就增加了真我被拒绝的可能。

有些人难相处只是因为他们讨厌自己，才会想出各种方法避免再次受到伤害。

各有各的苦

伟人受苦，声色不露。

——约翰·克里斯托弗·弗里德里希·冯·席勒

在担任大学教授的 8 年间，我所听过的学生的借口是千奇百怪的，如"狗咬坏我的磁盘了""我要去沙滩面试"……这些年，我发现自己开始怀疑每一个诡计，越来越不相信别人了。

但撇开我的猜忌，我发现学生们有时候论文没写或者考试没过，可能是因为他们的确遇到了困难：一名年纪大点的学生的儿子因病去世了；那名本科生挚爱的祖母不在了；那名学生的女朋友因为重大车祸住院，现在的情况岌岌可危。

有些人在遇到不幸时从不避讳，有些人却选择默默承受；有些人不露声色地熬过每一天，有些人却变得难相处，不假思索地宣泄自己的痛苦。

对别人生活中发生的事情，我们无从知晓。我们的朋友可能出现了经济困难，也有可能重病了一场，更有可能他的家人遇到了麻烦，而我们对此完全不知情。

　　试想一下，一个人很难相处，可能不仅仅是因为他某天不顺利，而是因为他的生活一直不如意。

贪婪的人，永远不知足

需要到贪婪仅一线之隔。

——亚伯拉罕·约书亚·海舍尔

不管走到哪里，我都能被各种充满诱惑的广告吸引。广告公司会向客户收取高昂的广告费，雇用各种有创作才华的人，他们技艺精湛，想方设法影响我的消费习惯。我会经常购买一些不想要或者不需要的产品，只因广告承诺这些产品能让我更健康、更快乐。

然而，没有比这更大规模的宣传，能让我变得善良、仁慈和有爱心，或者让我保持克制，又或者慷慨地援助有需要的人。社会每天给我传递最多最显眼的信息就是要更快乐。如果我想活得与众不同，按照自己的意愿去生活，就必须筛选出这些难以察觉的精神。

这么看来，无怪乎有些人会深受无所不在的消费主义影响，虔诚地迈入消费主义的大门，如每个周末走进商场的人，总会认为买得越多越能弥补空虚。

有些人难相处是因为他们觉得物质高于一切。对物质的追求超过了人们正常的需求，就是贪婪。

当一个人只是想要得到一些东西时，就不会对人际关系造成影响。可惜的是，一个人想要得到更多的东西时，有可能会以牺牲别人为代价。如果一个人过于贪婪，出现在他生命中的人就会成为帮他获取更多利益的工具。

在商界，这种特质尤为明显，利益的驱使远远超过待人公正的责任感。有很多 MBA 的学生，也是我管理咨询项目的参与者，跟我分享了很多故事，比如老板和雇主不把他们当人，而是赚钱的工具。在大企业里，如果高层想要得到更多的利益，千千万万个员工就会因裁员而失去生计，但这不是因为所在企业不赚钱，而是因为高层认为利润不够大。

我们贪婪的并非只有金钱和财产，还有权力、地位、名誉，甚至嫉妒也是贪婪的目标。一切号称能够增强自我意识的东西，都是贪婪的目标。得到想要的东西，如奢华的汽车、华贵的衣服、显赫的地位，都会让人的自我感觉变得更好。但是过度通过获得身外之物来提升自我感觉，势必会对别人造成不公。

如果一个人坚信只有得到身外之物才能让自己安心，就一定会不择手段地得到想要的东西，那么其他人要么成为垫脚石，要么成为绊脚石，也就是要么能够助他实现目标，要么阻碍他实现目标。这样一来，这些人就显得难相处了，因为一个人在一心追求目标时，别人的想法、感受和需求，都已变得不那么重要了。

有些人之所以冷漠、难相处，是因为在他们眼里，别人只是自己实现目标的手段。

瘾君子

酗酒有害健康，让人失去理智，让人变得不像人。酗酒的人容易泄露秘密、喜欢吵架，并变得猥琐、粗鲁、危险和疯狂。

——威廉·潘恩

酒精可谓世界上最常见的"毒品"了。据估算，大约13%的成年人会酗酒或有酒精依赖问题，其中至少有5%的人是酒鬼。鉴于此，不难推断有些人难相处是因为酗酒。在特定年龄段、民族、文化群体中，酗酒者的占比可能更高。

酗酒者更容易焦虑、暴躁、没有耐心，尤其是他们想喝酒时。醉酒会让人有攻击性、情绪剧烈波动和判断力下降，同时还会影响人的社交能力。至少一半的交通意外死亡事故和故意杀人案件以及四分之一的自杀事件，与酗酒有关。

这个数据，对酒精受害者而言，并不陌生。

除了酒精以外，还有很多药物也会影响人的行为。巴比妥类药物会让人嗜睡困倦，当药劲儿退去时，服用者会感到焦虑烦躁。安非他明是公认的易成瘾药物，滥用或吸食过度会让人精神错乱，甚至攻击别人，危害社会。像麦角酰二乙胺之类的迷幻剂也会造成情绪波动，使人出现错觉与幻想。

不管是哪种药品，如果成瘾者迫切需要维持自己已经成瘾的习惯，滥用这些药物中的任何一种，都有可能滋生犯罪行为。

这令人深省。

简单点说，成瘾者需要帮助。其中，有些人知道自己在做什么，有些人则不知道。除非难相处的人自己戒瘾，否则不太可能会摆脱它们。为了你的身心健康，如果你身边有这样的人，请认真考虑一下戒酒互助会的十二步戒酒法。

有些人难相处只是因为他们有酒瘾。除非成瘾者主动求助，并成功戒瘾，否则跟他们之间的相处只会变得越来越难。

每个人都有精神障碍？

> 任何去看精神科医生的人都应该检查他的头部。
>
> ——山姆·戈德文

我承认，我热衷于提升自我，这也是撰写本书的动机之一。我读过心理自助类的书，喜欢冥想，也参加过一些治疗或培训课程，我还会静修，我凭借不同程度的顿悟做事。我试图不让话题太沉重、太严肃、太可憎和太偏执，也尽量避免使用行话。

这是我的习惯。我觉得很有意思，因为总有新事物可以学习，总有新方法可以探索。因此，偶尔遇到有人说自己没有问题，不需要提升自己时，我都会感到诧异。

在极端情况下，如此否认正说明了他精神有问题。一个人的行为可能会不同于公认的处世准则，但他却坚持认为自己没错。当他通过好友或家人的反应认清残酷的现实时，他也不会接受。

以前住在明尼苏达州时，我的邻居要去度假，就请他们的朋友帮忙看管房子。那位朋友着装得体，开着一辆昂贵的外国汽车。我帮她把行李搬到楼上。一进屋，她就把所有的百叶窗拉了下来。她身材纤细，口音优雅又带点结巴。当我的邻居回来时，我对他们讲了发生的事情。他们含蓄地暗示她去看心理医生，但她却生气了，再也没有和他们联系过。

有些人难相处只是因为他们患有精神疾病。他们需要帮助，可他们自己却没有意识到，或者不想承认。据说，寻求心理帮助和不寻求心理帮助的最大区别在于，前者更健康一些，最起码他们愿意做些什么解决问题。

精神疾病有很多种表现形式，不胜枚举。有些精神疾病有器质性的起源，即有据可溯的生理原因。还有一些精神疾病是由于童年或当前的压力造成的，或仅仅只是来自遗传。多数精神疾病通过药物治疗可以治愈，而有些精神疾病通过治疗才会有较大的改善。

让一个难相处的人承认自己需要治疗，一定得小心翼翼。讽刺的是，如果你身边正好有一个精神有问题的人让你痛苦不已，你的建议反而是最不可信的。因为在那个人眼中，你才是问题的根源。

如果一个人很难相处是因为他有精神问题，那么他需要治疗。如果当事人的精神状态不改善，人际关系的问题就不会得到解决。

疾病或疲惫：一种暂时的痛苦

你父亲的疾病使我们伤心欲绝。

——威廉·莎士比亚

（《亨利四世》第一部）

大多数时候，人们是容易相处的，但如果他们累了或者生病了，就会变得很难应对。这些人并非天生难相处，只是因为暂时的痛苦。

尽管如此，偶尔生病的人依然很难相处。曾经有位朋友跟我报怨过，他年迈的母亲因病卧床，在照顾她时自己经历了一段艰难的时光。他的母亲时常会尖锐地批评他，让他觉得很受伤，并感到气愤。因为他的母亲言辞刻薄，没有护工能干得久。的确，他的母亲恐惧死亡，也无法接受疾病导致的疲惫。为了缓解这种情绪，她就痛斥所有人。

有时候，疾病的影响并不明显，但绝对很棘手。凯蒂娅育有两子，活力四射，积极参与各种社区活动，却不幸被鱼肉毒素击倒了。鱼肉毒素是一种罕见的毒素，是加勒比海热带暗礁上的浮游生物分泌出来的。小鱼吃掉这些有毒的浮游生物，大鱼再吃掉小鱼。在圣马丁岛度假时，凯蒂娅吃了一道以红鲷鱼为主要食材的菜，不到一个小时，她发现自己稍微动一下都会疲惫不已。她的关节疼得厉害，出现了很怪异的过敏症状，嘴巴、手掌和脚底都失去了知觉。

回到家时，她瘫在了床上，动弹不得。家人之前都是由她照料的，现在却不得不学着习惯没有她照料的生活。她无意难为任何人，但她的情况让家人越来越难熬，就像是在应对不存在的难相处的人。

有时候，棘手的人和事是因为疾病或疲惫所致。

不要把难相处的人妖魔化

　　智慧不属于恶毒的心灵。

——弗朗索瓦·拉伯雷

　　能读到现在，说明你很有耐心，也有可能你一直在等我承认有些人就是故意在折磨你，他们本身就很刻薄很恶毒，活着就是为了给你添堵。

　　好吧，我承认，有些人就是很恶毒，每天看看报纸就不难得出这个结论。不过当今社会并非到处都有难相处的人，事实上恶毒的人很少，称得上恶魔的就更少了。

　　在认定某人恶毒之前，请先问自己一个重要的问题：你会不会也这样对待别人？换言之，在生活中，你是不是总觉得有人想要故意伤害你？

　　有时候，我们会把别人的举动误认为威胁或冒犯。原本并无恶意的举动和言语，在某些人看来，也是恶意为之，一旦被辱骂或者受怠慢，就会觉得不可原谅。

所以，很有可能并不是别人在故意难为你，而是你从自己的角度出发如此认为而已。

先别急着觉得别人是在故意整你，这不利于解决问题。如果你觉得有人要害你，就会先入为主，有所戒备，一心想着保护自己或跟他算账。这时恐惧和愤怒就会占据你的内心，如果真有危险，这也没什么，但如果不是真的有危险，你就会做出错误的举动来。

除非证据确凿，否则就不要断定别人是恶人。

恶魔的四种特征

> 做坏事的不是魔鬼，而是犯下罪行的人。如果他们真是猛兽，倒也无可厚非。但他们是人，却背叛了人性，他们应该负起责任来。
>
> ——戴维·华而普

在开研讨班的五年中，我收集了很多本书作为写作素材，但没有哪个话题能像恶魔这样激起学员共鸣的。有的人想知道恶魔是否真的存在，有的人则希望把难相处的人定义为恶魔。还有一些人很客观，想知道是什么让一个人变成恶魔的，在遇到这种人时应该如何应对。

我本可以完全不理会这些话题，但我觉得自己有责任，也想要谈一下这个话题。首先，面对难相处的人，我们在思想上需要思考何为恶魔；再者，我的家中有两代人都遇到过恶魔，使我时不时地要面对内心有关祖先记忆的噩梦。

纳粹大屠杀在我心里留下了阴影，恶魔给父亲及他的家人造成了痛苦，我说不清这种痛苦是如何悄无声息地影响我的，基因学也解释不了。好像这种感觉是通过一些神秘的方法，就从他们的心里跑到了我的心里。

这些感觉静静地萦绕在我的心头，直到被触发。我在看新闻或者读书时，每当看到只有恶魔才能做出的残忍暴行，那种感觉就会突然跳出来。看到有人泯灭人性地伤害别人，我就会忍不住愤慨。就算之后这种感觉褪去，我还是会不寒而栗，并觉得害怕，我怕的不是这些举动带给我的反应，而是它们快要把我淹没的感觉。

尽管我不够资格回答这些深奥的问题，但为了方便探讨，我勉为其难地谈论一下难相处的人。恶魔当然存在，有些难相处的人，其中很小一部分确实是恶魔。恶魔的行为有迹可循，有时我们可以直面恶魔，并战胜邪恶。

在这种情况下，最重要的是要谨慎。在称呼别人是恶魔时，一定要特别小心，这个称呼骇人听闻，如果错误地用在了别人身上，就会赋予他们无法承受的力量。

真正的恶魔有四种明显的特征。

第1种，恶魔会给别人带来伤害，让人痛苦，且这种伤害经久不散。恶魔是生命、爱和幸福的对立面。

第2种，恶魔总是在有意识且不断地做同样的事，作恶的人每次都知道自己在干什么，他的所作所为都是他事先设计好的。

　　第 3 种，作恶的人对自己的所作所为强词夺理。在堕落的行凶者眼中，受害人活该被如此对待。恶魔往往针对那些先被假设成了恶魔的人。作恶多端者无法正视自己内心的邪恶，还会在无意中把邪恶映射到其他人或者外部环境上。

　　第 4 种，作恶者没有悔过心。对普通人来说，当他们伤害别人时，会感到愧疚、悔恨，但是作恶者不会。

　　仔细想一想，作恶的人也许并不快乐。事实上，越是被关注，作恶的人就越来劲儿。但是，有一点很有必要探讨：遇到作恶的人时，我们应该怎么应对。

　　如果我们面对的是恶魔，一个具备上述所有特征的恶魔，那就只有两种应对方法：一是快速离开，避免与其有更多接触；二是正面对抗。我建议采取第一种方法，因为第二种方法会耗费我们更多的情绪和精力。

　　既然恶魔执意要毁灭我们，我们就无法与他们讲道理，甚至无法与他和解或者报复他。在多数情况下，最明智的做法就是离开，这不是懦弱，而是谨慎。

　　不过，离开并不能让恶魔消失，只是消除了恶魔对我们的即时影响。有时候，为了其他人和整个社会的利益，我们必须抵制恶魔，这需要大家共同努力，而不是一个人逞能。

　　设定一个人是恶魔之前，一定要十分谨慎。如果证明了这个人的确是恶魔，遇到时就应小心一些，并迅速离开他的势力范围。

暂且相信难相处的人是无辜的

> 任何有价值的证明都不能被证明，也不能被否定，
> 所以你要明智，永远坚持怀疑其中较光明的一面。
>
> ——阿尔弗雷德·丁尼生

至此，我们已经了解了几种难相处的人产生的原因，可能是因为他无知、陷在过去或正忙着跟自己做斗争；也可能是因为他执迷于理想、物质目标或药品；还有可能是因为他患有某种生理或心理疾病。如果我们不了解情况，或者采用了无效的影响策略，或者没有从另外的角度出发，我们也有可能成为难相处的人。这些缘由，都不能让你断定这个人是故意在伤害你。其实想想以上这些原因，你就会明白他们已经尽力了。愚笨可谓难相处的最佳诠释，恶意和邪恶则不然。

这些都告诉我们一条经验法则：暂且相信难相处的人是无辜的，假定他们的所作所为都是有道理的。

如果你觉得自己做不到，就换位思考。现在你就是别人

眼中难相处的人，如果你做错了事，你难道不希望别人相信你是无辜的吗？你难道不希望别人认为你不是故意的吗？你难道不希望别人能够替你找一个简单的理由吗？

如果你不愿意把难相处的人往好处想，就等于说你希望别人也这样对待你，而你却不愿意这样对待别人。很显然，这是令人讨厌的"双标"行为，不是吗？

要知道，相信别人不等于赞同他们，也不是为他们的错误行为和犯罪行为开脱。这不会阻止你采取后续行动弥补损失，不妨碍你在法庭上寻求解决办法，也不影响你保护自己的人身和财产安全。这样做并不意味着让你假装没事，也不需要你为接受这些而失去自我。

这么做是为了避免你贸然得出草率和错误的结论。相信别人是让你留意你可能没掌握的全部事实，以及你看到的整体形势。这意味着在证据确凿前，你愿意向别人表示你无声的善意。这说明你在生活中秉承着和法庭一样的原则：未经审判不得判定难相处的人有罪。

遇到难相处的人时，要一直，至少在开始时假定这个人已经尽力而为，而且他的所作所为是有原因的。

你的情绪反应取决于你的感觉

理解一切，就是宽容一切。

——法国谚语

我们探讨过难相处的人的典型特征，就是能够让我们对其行为产生负面情绪。但是我们没有探讨我们在面对难相处的人时的情绪反应，因为这种反应会随着我们的感觉的改变而改变。

几年前，有一次我去购物，在街上转了 20 分钟都没有找到停车位，就想在别人的私家车位上停一会儿。为了表示我很快就会回来，我打开了双闪，却没有意识到自己没有锁上车门。当我回来时，我看到副驾驶座一边的车门敞开着，在车里面坐着一个人，我吓了一跳，大声吼叫着让他赶紧出来。原来，这个人发现我的车正开着双闪，他觉得我就在附近，于是他为了防止我的车电池耗尽就坐到了车里。我的愤怒最终变成了尴尬和感激。

还有一个例子，在某个大雨天，我的朋友在路上冒着倾盆大雨驾车前行，突然发现邻居家 14 岁的女儿正在街边跑着，既没穿外套，也没带雨具。所以我的朋友停下车，摇下了车窗，说要载她一程。但她没有认出他来，就拒绝了他的好意，然后跑得更快了。我的朋友突然明白自己可能吓着她了，于是在晚饭后给她家打电话，以确认她是否安全到家了。这个小女孩的误判导致了极大的误会。

在上面两个案例中，一个人的情绪反应取决于这个人对当时境况的理解。在第一个案例中，对那个人印象的快速转变，让我的情绪随之发生了变化；在第二个案例中，小女孩的恐惧在真相大白后，也随之消失。

我们的感受跟看待问题的角度有关。如果我们能改变自己对难相处的人的看法，就能改变自己的感受，也能够找到缓解紧张关系的办法。

或许你现在能明白为什么我要用一章的篇幅阐述棘手关系的种种成因。通过自问为什么，培养保留个人意见的习惯，你就能改变自己看待困境的方法，而且你的感受也会随之变化。学习理解人为什么难相处，你就可以培养一种新的看待和感受事物的方式。

喜欢快速下结论的人不会去问为什么。如果你是那种喜欢快速下结论的人，如果有人问你为什么觉得不自在，你反而给不出一个明确的答案，从而导致各种可能性。这时候，你会想到各种解释。这样一来，除非你了解事件始末，否则无法谴责别人。

一切人际交往问题，都可以从各种角度看待，并用各种方式解读。如果你跟闹离婚的双方都交谈过，你自然会明白我的意思。我们都听过盲人摸象的故事。当有人变得难相处时，如果我们不知道事件始末，不予置评则是明智之举。

在遇到难相处的人时，我们更需要反思自己的感受，重新做出假设，而不是快速下结论。如果草率地评价别人，就可能会陷入死路，无法改善与难相处的人的关系。

再来看个例子。假如最近上司没有给你足够的支持，你必须花更多时间独自完成一切，所以你越来越沮丧。你可能会觉得他对你的工作不满意，或者他不是个好上司，又或者他就要解雇你了。这些解读都会导致恐惧感和愤怒感的出现。

如果最后证明你错了呢？如果上司只是被他上司训斥所以在担心自己的工作呢？如果他只是收到了另一家公司的面试邀请，想要辞职呢？如果他只是正在戒酒，结果最近又犯酒瘾了呢？又或者，如果你了解到他6岁的儿子出了车祸，而他满脑子都是这件事呢？缘由不同，你的感受也会不同。比如在最后一种可能中，你本来还在为他的心不在焉而生气，但你很快就会同情他的悲惨遭遇。

如果你的邻居当中，有一位老人一直在谴责你监视她。

有可能她确实被人监视了，但那个人不是你；也有可能她患有妄想症，需要心理治疗；还有可能她的错觉只是最近吃药的副作用。这些都会让你觉得她很可怜，而不会觉得自己受到了攻击。

与难相处的人相处时，要养成自问他们为什么难相处的习惯，这会帮助你开启治愈之旅。

痛苦、贫穷、无知与同情

> 如果我们能发现敌人的秘密，我们就会发现每个人的生活都很悲惨，足以消解所有的战争。
>
> ——亨利·沃兹沃斯·朗费罗

如果我们回过头来看看这一章有关棘手行为的各种解释，就不难发现所有的棘手行为都是痛苦、贫穷和无知的结果。人们对别人残忍是因为他们受到了伤害或故意为之。

我们会鄙视那些伤害我们的人，也会谴责他们的行为，但如果我们也有相同的困境和苦恼，我们也不敢说自己不会做同样的事情。

在成长过程中，父亲对我们兄弟几个所说的话曾经伤害了我们。就算那时我还小，我也一直知道，他小时候在纳粹劳改营的经历是我无法想象和理解的。后来，我也原谅了他，我知道他对我的伤害大多源自他久未治愈的痛苦，也知道他本质上是个好人，他只是没有意识到自己对孩子们的影响，而且他一直在努力克服自己所背负的恐怖回忆。

　　事实上，只要发自内心地理解别人为何难相处，就会变成对难相处的人的行为背后隐藏的痛苦、贫困和无知等遭遇的同情。

难相处的人：无意识行为的产物

让一个人相信自己，就好像体内住着一位圣人。

——《犹太法典》

不管难相处的人做了什么，首先他都是个人，而他所做的事是次要的。尽管我们不想承认，但每个人都有和我们一样的权利。

我们觉得别人难相处的一面并不是他的本性，这不是真正的他们该有的样子。难相处的人的行为不过是无意识的错误行为，是为应对生活中的挑战、伤害和痛苦而出现的。难相处的人也渴望得到与我们一样的关注、尊重和爱，只不过用错了方式，给别人造成了麻烦。

如果我们只关注难相处的人让人讨厌的行为，就会在无形中把他们固化，从而限制了他们的人设，让"难相处的人永远难相处"这个错误观念根深蒂固。

我们都是有智慧的生物。我们每个人的区别也仅在于能够意识到这一点的程度高低。对于难相处的人来说，他们的内心不是没有智慧之光，只是它不够亮。每个人心里都有善良的一面。

所以，与难相处的人相处要看到他的全部，暗暗告诉自己这个人并不是偶然出现的，从而发现他们难相处的行为背后隐藏的善良。

通过发现别人身上的优点，我们展现出了我们最好的一面，而非丑陋的一面。

探　索

了解缘由

目的：培养自己养成自问为什么别人难相处的习惯

首先，挑选一个在生活中让你觉得难相处的人，写出所有你觉得与他难相处的原因，你可以从本章中所提到的种类入手，并运用你自己的推断。

让我们先从显而易见的原因开始写，直到写出来的原因很荒谬、很牵强时再停下来。比如你的上司总是向你怒吼，最明显的原因可能是他上司一直在给他施压，或者喊叫在他家里是很常见的交流方式。最离谱的理由可能是他正在为一个剧本角色进行排练，又或者他的身体被邪恶的外星人侵占了。这两点听起来很荒诞，但在你思考下面这些问题时，就会明白为什么靠谱和不靠谱的理由同样重要。

在写完原因后，请一两个朋友帮忙看看还能不能想到其他的原因。

现在，重新看一下你所写的，并思考下面的问题。

·你对这个难相处的人的生活经历、背景了解多少？你的评价是有具体事实依据，还是主要依靠假想和推测？

· 如果让你真正了解他的行为举止，你需要从此人或者别处获取哪些具体信息？

· 在解释他行为的理由中，有多少是荒诞不经的？

· 有多少理由，是你的朋友帮你想到的？

· 你觉得自己对问题的理解的准确度有多高？

· 如果要跟一个不认识你或这个难相处的人都没有任何关系的人讲这件事，他是否会产生和你一样的看法？

· 你是先假定对方无罪，还是先设定对方在蓄意作恶？

· 列表中那些荒谬的理由有没有让你逗乐自己，并放松心情？

· 根据这些信息，如果你是对方，你会如何做？是否也会做出相同的举动？

第 4 章

我们能从难相处的人身上学到什么

从精神视角看待棘手的人际关系

神圣的智慧藏在人类的苦难中，而不是快乐中。

——西蒙娜·薇伊

在上一章中，我们知道了如果能够进一步了解为何某人难相处，就可以改变自己对他的看法。现在让我们回顾一下这条基本原则：我们对事物的看法，取决于我们看待事物的方式。

在这一章中，我们将探讨另一种看待棘手关系的方式：把难相处的人看作生命中的老师。从这个视角出发，我们就不会把困境当成偶然事件，而是有一定寓意的安排。我们不要把难相处的人看成死敌，而是把他看作帮助我们在精神之旅中进步的信使。

难相处的人有一种潜力，即可以成为最好的老师。因为在这段关系中我们所遇到的困难会让我们更有耐力，告诉我们如果不从中吸取经验教训，就会遭遇怎样的失败。

人人皆可为师

> 智者为何人？是可以从所有人身上学到东西的人。
>
> ——拉比本苏玛
>
> (《原则书》第 4 章第 1 条)

我 30 多岁时，自命知识渊博，可惜现在也还有那时的做派。这种架子在我读研时就开始成形了。那时候，我的老师常说，只有某些学者、某些学术期刊、某些研究方法和某些大学才是值得花费时间的。凡是二流大学的无名学者，用一些不合格的研究方法，发表在劣质期刊上的任何文章，都让我不屑一顾。如果是一个没有获得学术文凭和真正才能的人所写的东西，就更让人鄙视了。

可能你很难相信会有这样的人，但我的确见过很多，这些人多数是一流大学的人。

在开始教书育人后，我发现学生教给我的东西一点也不少，我的优越感才慢慢褪去。不同的是，我的学生教给我的是生活里的经验，而我以前所学的全是书本里的理论；他们教会我期望与失望、公正与探索、尊重与关怀；他们教我如何在课上认真地教学，如何在课下交流时鼓舞激励他们。他们让我知道他们喜欢什么样的交流方式，以及什么会让他们不再尊敬我。

慢慢地，我发现，我可以从我遇到的每个人身上学到东西，而我从乞丐那里学来的东西并不比从一名博士生那里学到的少。

每个人都有值得我们学习的东西，只不过有的明显，有的不明显；有的我们感兴趣，有的我们不感兴趣。对我们而言，如果多留心观察、善于接纳，就会惊讶地发现能够从别人身上学到更多的东西。

跟你们分享一个可以说明以上情况的故事。在写作这本书时，我那开了9年的车的变速器出现了故障。车的里程表读数显示为16.2万英里，使我不得不像做疝气手术一样花大价钱去修理它。如果我选择分期付款的方式换辆新车，我在财政紧缩时经济负担就有点大，于是我导航了一家信誉良好的汽车维修店，挂着二挡缓慢而吃力地开了过去。

汽车维修店店主坐到了驾驶位上，车猛地动了几下，我们俩开了一段路以检测问题所在。在车子蹒跚前行的过程中，他问我是做什么工作的，我说我在写书，而书的内容是探讨如何跟难相处的人相处。他听了之后好像很兴奋，并开始跟我讲他所遇到的难相处的顾客，不知不觉中我们开了很远。

汽车维修店每天都在跟各种难相处的人打交道，因为没有人愿意来这里，并笑着支付 1500 美元，只为几天后把车开走，让车完成未尽的使命。汽车维修店的钱赚得并不容易，但店主仿佛很喜欢自己的工作，跟客户关系都很好。

接着，他解释了其中的原因。原来在他刚结婚那年，突然有一天一位银行职员给他打电话，说他的妻子拿着一张空头支票来兑换现金。他当时火冒三丈，立刻跑到银行开始责骂银行职员，并说这是银行的过错。虽然他很无礼，银行职员却始终保持冷静又不失礼貌的态度，他完全没了脾气。他永远忘不了自己得到的待遇，从银行职员那里，他学会了如何应对愤怒的顾客，并从那时候开始付诸实践。汽车维修店店主观察银行职员在这件事中的表现，学习并汲取了他的优点。

要想向别人学习，我们就得保持谦虚的态度。我有一位朋友在参加完自己感兴趣的公开讲座后，毫无例外都会跟我说演讲者讲得不对，如果是她，一定能做得更好。如果我们觉得自己比别人聪明，我们自然就不能从别人那里学到东西。如果我们把精力放在攀比、妒忌上，我们就没有精力发现别人能教给你的东西。

每个人都至少有一个长处，也至少有一个短处，我们可以互相学习。如果一个人效率很高，我们就可以学习他如何更好地管理时间；如果一个人能记住别人的名字，我们就能体会到被人记得的美妙感觉，然后在日常生活中练习；如果一个人是拙劣的说谎者，我们就可以反思自己的谎言有多假；如果一个人待我们不好，我们就可以借此懂得自己的恶意对别人来说是多么不公平。

如果我们能够明白生活处处皆学问，每个人，不管他是做什么的，都可以成为我们的老师。

人际关系的奥秘

关注自己所做的一切，不要评价这个太渺小那个太伟大，因为你无法知道它们的意义。

——犹大·哈纳西

（《原则书》第 2 章第 1 条）

索菲·弗洛伊德博士是西格蒙德·弗洛伊德的孙女，也是波士顿某大学社会学的退休教授。在几年前的某个会议上，她讲了一个令人心酸的故事。某天晚上，当她的讲座结束时，有一位女士找到她，这位女士曾是弗洛伊德博士的学生，十年前获得了硕士学位。当年她跟博士探讨自己写的毕业论文时，博士说她不适合从事社会学工作，并建议她转行。博士完全不记得那段对话了，并很诧异自己怎么会那么冷漠无情地对待她。听到一位卓越的人物说出打击自己的话，对某些人来说可能是致命的。但是那位女士继续说道，自己今天是专程来见弗洛伊德博士的，就是想告诉她虽然博士所说的话很打击当时的自己，这位女士却由此下定决心要成功。事实上，她现在已经成为专业领域的成功人士，并证明了博士当初的建议是错的。

这则故事说明了人际关系中两个重要的方面：一方面，我们无从知晓自己的言行会对别人造成什么影响；另一方面，两个人简单的交流带来的影响可能会持续好多年。

人际交往的结果是不可预测的，事情也绝不会一直像我们所期待的那样发展。比如，我们的意图是好的，而且觉得自己的举动也是符合情理的，结果却可能事与愿违。我们在生活中都有过这样的经历，觉得自己做的没错，结果却不尽如人意。相反，我们所说的某些话或所做的某些事可能欠缺考虑或不太合适，结果却出人意料。意识到我们的行动走向难以预测以后，我们就会明白我们处于一种特殊的危险之中。我们不知道自己的言行会导致什么后果，这会让我们没有责任心。我们要对自己的行为负责，我们必须小心行事。

我们无法窥视未来，无法知晓自己的行为会有怎样的影响，但我们可以发现其他的东西，如人际关系的奥秘。

每时每刻，每一次互动，不管有多简短，都有可能会对别人造成影响，这种可能来自不经意的评论或手势，也有可能来自无心的举动。

别人的无意识举动可能会对我们产生深远的影响，我们的举动也一样。

难相处的人，教会我们精神成长

> 谨慎的人不以恶目看待别人。这比情绪化地看人更真实，能弱化别人的缺点，让别人变得更好。
>
> ——巴尔塔沙·葛拉西安

读到此处，我们都知道人人皆可为师，就算是难相处的人也能教会我们一些东西。我们也能明白两人之间简短的交流，可能会造成不可预测的深远影响。

如果这些人、这些交集并非偶然出现的呢？

我们可以把人生当作学校，来探索和理解人际关系问题的精神框架。

我的多数时光是在教室里度过的，当学生时是，当老师时也是，因此当我第一次听说"人生像学校"这一说法时，我便立刻产生了共鸣。这些年来，我在精神上领悟得越来越多，但这个比喻一直植根于我的所有理念之中。生而为学，让我的生命更有意义。

哲学家、诗人一直以来都在思考"生命的意义"，导致这五个字早就成为陈词滥调了。很多人觉得自己不可能有答案，还有的人觉得这个命题根本就没有答案。

接下来，我要说的是我自己悟出来的精神哲学，是我历经数年，试着搞明白我们的人生——一个不可预测、充满奥秘的世界之后，暂时得出来的答案。我先不提有关"存在的奥秘"的权威释义，因为这个奥秘过于高深，而我对它们的理解过于浅显。

让我们先来探讨一下为何人生像学校。学校是有组织地学习某些知识的地方。如果某名学生通过了特定的考试，就说明他掌握了某些知识，可以进入下一阶段的学习；如果他没有通过考试，就要重新学习直到学会为止。这种学习需要老师讲授，当然你也可以自学。

最好的学校会为每名学生量身定做课程。如果学生按照自己的节奏进行学习，有些课程会掌握得快些，有些课程则掌握得慢些。最好的学校会进行个性化教学，每名学生都可以得到老师相应的关注，而老师也都是最适合教学的人。

因此，如果说人生就像学校，那么人生是哪一所学校呢？——哪一所也不是。每个人的人生学校都是不一样的。人生这所学校很艰难、很痛苦、很神秘，也很出色、很优秀、很有趣。这所学校什么都有，深不可测。

只是，那些精神课程是什么？——因人而异。不过，有些课程非常普遍，每个人都需要去学，比如大家都有特定的机会去培养和表达善意、慷慨、关爱、信念。

我们都是复杂的混合体，既有长处，又有短处，就好像在学校里，有人外语学得好，数学却很差。就好像一个人看起来很慷慨，做了很多慈善的事情，但他这么做只是为了获得社会认可，并非真的想帮助别人。还有的人对家人特别体贴温暖，但是到了公司却谎话连篇。

好学校每天都会教给我们新的知识，生活每天也会给我们创造各种机会，通过与人交往来塑造自己的性格。人生的学校总是会为我们提供各种途径，帮助我们培养未开发的精神素质，我们遇到的各种情况和事件就是我们要学习的各种课程。

举几个例子。一个以自我为中心的人，会认为只有自己的需求最重要，那么他很有可能会得到一个照顾重病患者的机会，以此来学习如何把别人放在第一位。另一个无私的只考虑别人需求的人，很可能会因为住院而得到一次学习如何接受别人关爱的机会。一个工作和收入都不错的人，会觉得自己优于别人，那么她很有可能会经历事业受挫和经济困难，并借此学会谦虚。一个天赋异禀的人，很有可能需要忍受无聊的工作，直到心灰意冷，才有勇气离开，去做自己擅长的事情。

绝大多数精神课程学起来不容易，也不那么让人舒服。

最难的课程往往是最不愿意自发去经历的事情。

傲慢的人不会立马变得谦虚；对别人需求不关心的人也不会突然变得体贴；生气时大吼大叫的人也不愿意学习自我控制；不够大方的人则鲜有机会改变心意，开始做慈善的事情。

精神成长需要我们克服自己的性格缺点，这一点很难，所以我们需要一位特殊的老师。

这位老师可能是粉碎我们错误信念的人；可能是让我们不再冷漠无情的人；可能是击碎我们自我欺骗谎言的人；可能是帮助我们突破目前所受到的局限的人；可能是帮我们根除自己一直以来不愿改变的某个方面的人；可能是让我们无比痛苦，最后灰心丧气开始改变自己并长久坚持的人。

这位老师可能是一个难相处的人。

在人生这所学校中，难相处的人就是教师，教会我们最重要的精神课程——我们绝对不会自己去学习的课程。

那些难相处的人，都是来考验你的

上帝，求您鉴察我，知道我的心思；

考验我，知道我的意念。

看我有什么恶行没有，

引导我走永生的路。

——《诗篇》

（第 139 章第 23-24 条）

在上学时，最痛苦的事情莫过于考试。过去那么多年，我本人参加过很多次考试，出过很多道考题，批阅过很多的试卷。没有人喜欢考试，但是考试从未被取缔，因为多数时候考试是检测某人是否掌握某些知识的最好方法。

遇到难相处的人，就像一场考试，测验我们是否掌握了某些知识，比如是否可以克制愤怒、抵抗报复欲或在受到不公对待时捍卫自己。好在，我们遇到的考验都没那么残酷。多数时候是让我们做出选择——在容易和正确之间做出选择。

比如是选择原谅还是报复，忍耐还是谴责；在明明不好却要装作很好时，要求我们采取果断行动；在我们想要做出冲动的事情时，要求我们必须保持忍耐。如果考试没通过，我们就得重考；如果我们不重视所要学习的精神道理，考试就会越来越难。

我曾经在苏黎世的一家酒店住过一晚。这家酒店房间的床头柜上有一个嵌入式闹钟，我从来没见过这种样式的闹钟，弄了半天才会用，设置好起床时间后我就睡了。第二天早上，当我躺在床上正处于半睡半醒的状态时，闹钟提前15分钟响了，声音很小，我几乎听不到——四次非常温柔的铃声。5分钟后，闹钟又响了，这次声音大了一些。又过了5分钟，声音又大了一些。等到了起床时间，闹钟音量已经到了最大，我也彻底清醒了。

后来在研讨班中，我经常把世界的运行方式比作那个闹钟，二者都是在循序渐进地唤醒我们的注意力。这种暗示一开始很温和，如果我们已经醒悟，我们就能轻易通过考验；如果对此不加注意，依然不专心，考验就只会越来越难，而暗示则会越来越明显。

你有没有发现自己总在不同的场合碰到相同的问题？你有没有因为老板太苛刻而辞职，却遇到了另一位更苛刻的老板？你有没有因为朋友刻薄而跟他断交，却认识了另一位更爱找碴儿的朋友？你有没有因为邻居太吵不顾别人感受而搬家，却发现新家附近正在施工？

考验的形式千奇百怪，直到你掌握了你本应该会的东西为止。也正因如此，通过离开解决人际关系问题不会有很好的效果。除非你已经学会了摆在面前的精神道理，否则这些问题会一直缠着我们。记住，发生的一切都不是随机的。

很多时候，生活对我们的考验并不容易被发现。如果我们要学习的精神考验和精神道理这么容易，通过考验也只能说明我们知道怎么去做某些事，我们愿意按规则做事，而不能证明我们是否真的能做到以及性格是否得到了改善。如果我们提前知道了要考验，就失去了选择的环节。我们应该是完全自愿地做出选择，而不是因为害怕破坏规则的后果被迫做出选择。

在经受考验的时候，我们的生活会变得非常痛苦，也找不到考验的意义。如果我们需要有人告诉我们，痛苦和考验是为了提升我们的精神境界，那我们也太迟钝了。

一旦我们顺利通过精神考验，学会了该学的东西，我们的眼界就会开阔起来，能够回头去看看自己到底学到了什么，理解难相处的人所扮演的角色，懂得为什么某个人会出现来教会我们一些东西。这个过程可能需要好几天，乃至一辈子，但最终我们都能够找到内心的那个"为什么"的答案。

遇到难相处的人时，我们也可以这样问自己：如果事出有因，我能从中学到什么？

你怎么对待别人，别人就会怎么对待你

我主探心

察心

是为了根据其所作所为回报各位

以适合的果实。

——《耶利米书》

（第 17 章第 10 条）

吉娜和迈克在一起好多年了，跟多数情侣一样，他们在不吵架时还是很快乐的。每当迈克惹吉娜不开心时，不管什么原因，她总会对迈克的体重进行冷嘲热讽。迈克一直都很胖，而且对此耿耿于怀，吉娜明知如此，还用他的这一弱点攻击他。

后来，迈克也学聪明了，明确表示吉娜这样做很卑劣，如果自己做错了什么让她不满，她有权表达自己的感受，但是她无权恶意地对自己进行人身攻击，尤其是与此无关的内容。对此，吉娜就当没听到，依然对他的肥胖说三道四。

如你所料，两人最终分道扬镳。吉娜后来嫁给了兰迪，兰迪怎么吃也不胖。有趣的是，吉娜婚后反而发福了，但兰迪并不介意，两人也算幸福美满。

有一天，吉娜的大学室友罗拉来拜访她。罗拉是名健身教练，住在另一座城市，两人自从吉娜婚后就再也没有见过彼此，她注意到吉娜变胖了，但她什么也没说，至少没有立即评论。

第二天一起逛完街，两位老朋友下了地铁，吉娜先从地铁口出来，罗拉再也忍不住了，她对吉娜说道："你真应该从背后看看你是什么样的！"吉娜被朋友的话深深地伤到了，心烦了好几个礼拜。

随着时间的流逝，吉娜的伤痛渐渐平息了，她开始意识到罗拉对她说的话，就跟她之前对迈克所说的一样。现在她体会到了迈克的感受，她下定决心以后再也不说那些恶言恶语了。这次经历最终成了她学习成长的机会。

传统美德告诉我们，我们应该像对待自己一样对待别人。但是很多人并不知道，这句话还有潜台词：注意！如果忽略了这一点，你曾经怎么对待别人，别人也一定会这么对待你！

难相处的人也是信使，不经意间把我们言行的恶果带给我们自己，让我们体会到自己对别人造成的伤害。

难相处的人：人际关系处理的反面教材

见贤思齐焉，见不贤而内自省也。

——孔子

（《论语》）

我们在前面探讨了生命中之所以会遇到难相处的人，是为了让我们体会自己之前给别人造成的痛苦，并激励我们做出改变。

再进一步看这种逻辑，我们就可以想到难相处的人之所以存在的另一个原因。也许他们的出现，不是因为我们曾经伤害过别人，也有可能是为了避免我们以后伤害到其他的人。也就是说，难相处的人在某种程度上是一种预警，那些人的可怕行为促使我们下定决心："坚决不能那样做！"难相处的人让我们知道什么事情不能做。

斯坦的哥哥和爸爸都是酒鬼，在成长过程中，他见识了两个酒鬼的各种劣迹。长大后，斯坦决定滴酒不沾，绝不让任何人遭受自己经历过的痛苦。

我为人师的很多理念不是从导师那里学来的，而是从自己学生时代所讨厌的东西中学来的。在刚开始工作时，我就立志坚决不搞各种教学实践，因为在上学时我超级反感教学实践。

可惜的是，并不是所有的人都能从坏事中找到好的一面。有些人受到了伤害，就会在第一时间去伤害别人。

有的人想都不想就去伤害别人，以此报复伤害自己的人。这些人不会感同身受，没有把自己受到的伤害跟给无辜者造成的伤害联系起来。

另一些人则蓄意谋划，把别人对自己的伤害施加在与此无关的人身上，想以此体验行凶者的想法。这种想法既不对，也没用。

这种模式在家庭里特别常见。这一代的错误会传给下一代，而下一代则会重蹈覆辙——由受害人变成施害人。任何处于这种环境中的人，都必须打破这个链条。

难相处的人就是反面教材，让我们知道不能对别人做的事。

难相处的人让我们有机会教导别人

身教胜似言传。

——托马斯·富勒

在跟难相处的人相处时，我们会有很多选择，我们可以表达不满，也可以选择放下；我们可以内心充满怨恨，也可以选择原谅对方；我们可以放任自己做龌龊的事，也可以练习克制这种行为；我们可以设计报复对方，也可以控制自己的报复欲。

我们的选择影响深远。如果我们选择错了，就会疏远彼此之间的关系；如果我们选择对了，我们就可以与对方和解，彼此治愈。

我们的选择不仅影响自己，还会影响对方。每次做出选择的时候，很多人可能正在看着我们，这些人可能是我们的孩子、同事，甚至路人。这些旁观者帮不上忙，但都不由自主地在观察我们的举动，受其影响并有所应对。很重要的一点是，跟难相处的人相处时，树立一个什么样的榜样，是至关重要的。

有时候，我们跟难相处的人相处，我们可以为别人树立正确的榜样。所以难相处的人的另一个使命，可能就是让别人有机会观察、学习我们的处理方式。

历史上不乏圣雄甘地、马丁·路德·金这样的人物，他们面对恶劣的行径，仍然以高尚的方式回应，从而激励了很多人，并改变了社会。我们的责任可能没有那么伟大，但也绝对不容小觑。每一个善举都有一定的意义。

每次和难相处的人相处，都有可能在为别人树立榜样，教会大家如何以积极的方式应对。

如何教育难相处的人：以身作则

> 没有什么比一个好榜样带来的烦恼，更让人难以忍受的了。
>
> ——马克·吐温

如果我们能够以身作则地教育别人，我们为什么就不能教育难相处的人呢？答案是肯定的，除非我们不愿意尝试。

在人际交往的黑名单上，那些主动给别人提建议的人，往往会成为更让人讨厌的人。如果未经你的同意，我就主动给你提建议，就等于在说你笨，而我很聪明。这种建议，自然也就没有人愿意听，毕竟没有人喜欢被当成愚笨之人。有时候，我们提建议不是为了帮助对方，而是为了展现自己的优越感。

试想一下，如果你设想他应该从你这里学到一些东西，不管是否说得出口，你在跟他交流时，他会如何回应？极有可能会没有回应。

难相处的人之所以会闯进我们的生活，难道是为了向我们学习的吗？有可能。但是，在这种假设的基础上进行交流，根本无法改善关系，因为这种关系是扭曲的。如果一方自我感觉优越，而另一方却并不认同，关系是不可能改善的。

要教育难相处的人，必须小心翼翼，最好的做法就是我们通过自己的行为影响他们。

在研讨班上的一次讨论中，一名学员说她特别想改善和自己的难相处的女儿之间的关系。她热衷于寻找精神家园，定期参加相关研讨会，看相关主题的图书，而她女儿却不喜欢。据她所说这也是她们的主要分歧。

我没有盘问她的想法，因为我觉得她并不会接受。虽然她说得很对，也有很高的精神信仰，但我觉得她并没有按照这个原则生活。一个人的精神是通过行动表现出来的，而不是口头上的说辞。我怀疑她才是这段关系的始作俑者，她自以为是的态度，当然会让她的女儿反感。

难相处的人之所以出现，是为了让我们教育和引导他们。但我们要亲自示范，而不是自以为是地指手画脚。

难相处的人教会我们同情别人的遭遇

> 人在患难时，不会抛弃自己的邻居。人人都有义务互相帮助，互相支持，因为每个人都希望有人帮自己。
>
> ——马丁·路德

我认识一个女人，据说她从来不生病。她的健康对她来说是好事，但对别人来说就并非如此了。她无法体会别人在生病时的感觉，并觉得生病的人是在逃避责任。在公司里她是领导，这让她的手下十分痛苦，因为生病请假时从来不会得到她的理解和同情。

后来她去某个国家旅行了一次，因为喝了当地的水，她的健康体魄就此被打破。腹泻让她卧床不起，生平第一次，她体会到了痛苦和无力。

值得庆幸的是，她善于从经验中学习。从那时起，她明白了生病是什么样子，并且再也不说别人是在装病了。

生病这件事，成了她的老师。

在生活中，有一条经久不衰的真理，那就是：只有自己也经历了类似的痛苦，才会感同身受。

互助小组成立的前提就是面对人生的考验，只有从难友那里，才能获得真正的理解和同情。只有癌症幸存者，才能理解刚确诊癌症的人是什么感受；只有寡妇，才知道失去丈夫是怎样的心情。

如果生而为人的责任就是帮助别人，那么各种遭遇，不管有多痛苦、多讨厌，都是为了让我们做好帮助别人的准备。

本书讲的是一种特殊的痛苦，是别人带给我们的痛苦。所以，与难相处的人相处，可以让我们更好地理解正在遭受此类痛苦的人，以便我们更好地帮助他们。

比如一个女人遭受了很久的家暴，并最终离开了她的丈夫，那么她就可以给正在遭受家暴的人提供宝贵的经验。一位员工跟专横的老板斗智斗勇了很多年，那么他就可以帮助新员工避开雷区，使他们不用遭受一样的痛苦。

我们每遇到一个难相处的人，我们帮助别人的能力就会提升一级，就像我们在时刻准备着能够对需要帮助的人施以援手。

与难相处的人相处，可以让我们做好准备，帮助那些正在经历这种痛苦的人。

难相处的人让我们知道自己是被爱着的

> 关爱我们的邻居，就是能够对他说一句话："你
> 怎么了？"
>
> ——西蒙娜·薇伊

难相处的人在难为我们时，我们会感觉很受挫、很无助。这正是向身边的人求助的时候。很多人会发现，在他们需要关爱的时候，他们总能找到各种爱，而那是他们以前从未体会过的爱。

在玛丽的丈夫跟别的女人私奔后，她的朋友们日夜守在她身边，直到她开始平静下来。之后，朋友们又经常打电话给她，来看她，邀请她去家里做客，让她知道他们随时可以依靠。朋友们的支持，让她深受感动。

深陷逆境时，我们会选择远离人群，而不是向人们求助。承认我们需要别人的帮助也是我们需要学习的精神道理。难相处的人让我们痛苦，并迫使我们敞开心扉。

当我们有机会接受关爱时，我们会知道自己也是被爱着的。

难相处的人：潜能挖掘师

我们不应利用我们的天赋来沽名钓誉，我们应当好好地利用它们。

——马德琳·恩格尔

汤姆和弗兰克是在公司的垒球队认识的。每次打完球，他们都会在一起喝酒聊天，并讲述自己的梦想。后来两人都辞去了体面的工作，开始合伙做生意。汤姆擅长销售和市场营销，弗兰克则内向一些，他拥有 MBA 学位，具备扎实的财务技能，知道如何管理公司。

他们动用了所有的积蓄，准备放手一搏。为节省开支，他们先是在汤姆的家里办公。慢慢地生意有所好转，他们有了自己的办公室，便开始招募员工，成了行业内的有力竞争者。仅仅用了三年的时间，他们就取得了成功，成为之前公司同事嫉妒的对象。

在公司走上正轨后，汤姆便开始不务正业，把大把时间花在了迟到、早退、休假陪家人或者打高尔夫球上。汤姆的这些行为激怒了弗兰克。弗兰克一直相信成功来自勤奋，他总是担心由于各种不可控因素，公司的业绩会下滑。两人之间的分歧愈演愈烈，最终只得摊牌。弗兰克表示，因为自己的辛苦，汤姆才能有时间娱乐。两人最终也没能达成一致，所以弗兰克提出买下汤姆的股份。在律师和会计人员的帮助下，这场纠纷得以解决。

弗兰克现在独自拥有这家公司，这就意味着他需要学会汤姆的技能——跟顾客打交道，这对汤姆来说很简单，但对他来说则很难。最终，他克服了害怕销售的心理，开发新业务的能力也越来越强。弗兰克发现，如果他自信一点，他可以一开始就自己来。

我们生来就具备某些天赋和能力。除了司空见惯的数学、语言和运动能力，我们也有其他方面的天赋。有人天生就有音乐天赋，有人却唱歌找不到调；有人从来没有做过饭，不用看烹饪书就能做出美食，有人一旦离开微波炉、冰箱和冷冻食品就无法生存。每个人都有擅长和不擅长的地方。

我们所在的这个社会总是把某些能力看得特别重要，而忽略其他能力，我们的父母也总在为我们设计未来。在我们渐渐长大后，我们的老师和父母为了培养我们拥有符合社会价值的能力，会按照他们的计划引导我们。但是他们并没有引对路，因为天赋是与生俱来，不是后天习得的。比如小时候我们上音乐课，是因为父母觉得我们要懂音乐，而不是因为我们有音乐天赋。到我们长大成人后，我们的一部分能力通过教育、训练而得到培养，另一部分能力则因为没有被尽早发现而受到重视，依然潜伏在我们的体内。又或者因为恐惧，我们选择回避这些能力，没有对其进行训练。弗兰克害怕销售就是这样一个例子。

难相处的人强迫我们发展这些能力。就像弗兰克那样，等事情浮上台面时，我们就会发现以前觉得做不到的事，自己现在竟然可以完全胜任。或者我们还会发现一种自己以前没有显露的天赋。我们原本不擅长的东西，因为难相处的人，竟然可以变得很擅长。

为了应对难相处的人带来的挑战，我们不得不挖掘和培养自己的潜在能力。

难相处的人迫使我们有所行动

就算是痛苦，也可以让生活更有生气。

——艾米·洛威尔

不管在谁看来，凯伦都不是一名好主妇。家里的家居用品总是处于乱摆乱放的状态，等到需要使用时却怎么找也找不到。而报纸就像考古文物一样被保存下来，以便在遥远的未来被发现。易拉罐、瓶子、玻璃罐等各种容器随处可见，仿佛终有一天能用得上。

她的丈夫乔早就放弃了整理这些杂物，因为再怎么整理也赶不上她乱放的速度。不过乔很爱她，也接受了她的这种生活方式。

乔的父母也很爱凯伦，但在看到乔的家乱得无处落脚时，他们就尽量找借口不去凯伦家。最近，乔的姨妈玛格丽特跟新婚的丈夫罗尔夫要一起从德国来美国探亲，必不可少会来家里。

罗尔夫是典型的德国人，喜欢干净整洁的环境，他一进门就呆住了："我从来没有见过这么邋遢的家。你们怎么住得下去？"

凯伦听到这话就哭了，乔也觉得尴尬，整个下午气氛都很紧张。到了晚上，凯伦跟丈夫坦白，说自己知道家里很乱，也很想打扫，但是任务太艰巨了，自己的确是无能为力。乔主动请求亲友帮忙，甚至还邀请了他的父母，他们也很乐意帮忙。

罗尔夫的直言不讳正是凯伦采取行动的契机。

我们都曾下过决心，却没有坚持多久，我们不断地用蹩脚的借口，一次次拖延我们的自我提升，如上学磨蹭、逃避节食和锻炼，甚至找借口辞掉自己不喜欢的工作。

在生活中，有些事绝对会被我们忽视，有些则不会。如果我们一直装作看不见这些事，难相处的人就可能会出现来提醒我们。有时候，别人的侮辱和恶语，足以让我们愤怒而想要做出改变。

难相处的人之所以出现，就是为了迫使我们有所行动。

难相处的人让我们警醒

> 经验只有在自我重复时才变得有趣。事实上，直到那时，它才算得上是经验。

——伊丽莎白·鲍恩

保罗讨厌被批评，可是不管他走到哪里，他都会被批评。上学时被老师批评，工作时被老板批评，谈恋爱时被女朋友批评。好像每个人都在批评他，他不明白为什么会这样。

后来，他去看了心理医生，才开始意识到自己才是对自己最苛刻的人。批评很伤人，却也很常见。保罗有个爱批评人的妈妈，小时候的他每天都会被妈妈批评。即使是离开家之后，他对自己仍然很苛刻。不知不觉中，他会把苛刻的人吸引到他的周围，以强化自己的负面形象。保罗需要改变看待自己的方式，用积极的自爱取代消极的自我训斥。

如果我们还有需要改进的地方，还没有学会精神修行，难相处的人就可能会出现在我们的生命中，并提醒我们。如果一个不够，难相处的人就会不断出现，直到我们改进，并学会为止。

如果说难相处的人不断出现有什么意图的话，那就是提醒你需要提升内心世界，并在这上面多花一些心思。

难相处的人让我们保持进步

生命中最悲哀的事，莫过于止步不前。

——阿加莎·克里斯蒂

桑德拉和罗伯特都是中年丧偶的人，各自过了几年单身生活。在退休前几年，两个人在彼此身上找到了慰藉，于是就生活在一起了。

他们住在一个海边小镇上，这里的游客络绎不绝。桑德拉经营了一家旅馆，这座古老的建筑建成于 19 世纪 30 年代，能够看到灯塔和港口的绝美风景。

两人结婚后，桑德拉搬到了罗伯特家，罗伯特家离镇上有几英里远，但她依然经营着旅馆，每天两点一线地穿梭几次。就这样过了几年后，两人决定卖掉罗伯特的房子，扩大旅馆规模。这样一来他们不仅能够住在旅馆里，也能更便利地服务客人。

他们找了一位知名建筑师进行设计，增加了一个饶有趣味的生活区，既迎合周边风格又兼顾了海边的环保问题。

规划局在看到设计方案后，这件事的阻碍来了。邻居们原来都没有异议，但现在却异口同声地反对这个计划。他们主要认为扩建会造成交通拥堵，而客房数目并没有增加，因此扩建没有好处。规划局在衡量了扩建的好处和邻居们的反对意见之后，最终决定不予批准。

这些邻居，桑德拉已经认识 30 多年了，邻里之间一直都很和睦，就连孩子们都是一起长大的，一切好邻居会做的事情他们都做过。桑德拉还曾经不考虑旅馆收入，在邻居们的孩子举行婚礼时，免费接待邻居的亲戚朋友入住。

这件事情后，桑德拉甚至收到了邻居的几封匿名恐吓信，这些邻居原本都很和睦，没有一点矛盾。现在桑德拉和罗伯特的美好生活的规划就这样被毁了，毫无预兆，令人心寒。

他们难过、失望、生气，不仅是为自己的计划被打破，也为邻居们出乎意料的反应。罗伯特想要跟邻居们吵一架，甚至想再盖一个小一点、不需要经过规划局审批的生活区。

愤怒过后仔细想了一下，他们都意识到，或许是时候该往前走了，去探索自己的兴趣，追求自己热爱的生活。再过几年他们就退休了，可能这件事也是在暗示他们需要重新做规划，而不是继续沉浸在当下的生活中。他们把这次遭遇看成一次机会，让他们思考以前从未想过的选择和可能。

当原本和谐的关系突然恶化时，就是在提醒你要有所改变了。

每个人都习惯待在舒适圈中，当一切安好的时候，就不会有太多动机促使自己做出改变。但是有时候，我们所维持的现状和关系，其实用处已经不大。环境并没有什么问题，只是我们不愿再去学习、成长。

所以，当难相处的人出现在我们的生命中时，一些人就像变了一个人一样，在无意中就转向了更神圣的事业：精神成长。

原来和蔼可亲的人突然变得难相处，可能这就是变化的催化剂，告诉我们需要做出改变，并离开原来的舒适圈。

难相处的人如一面镜子，让我们照见自己的缺点

> 人就像一轮月亮，不想将黑暗的一面让别人看到。
>
> ——马克·吐温

多利亚辞掉福利专员的工作，创办了自己的咨询公司，并把大部分精力花在了努力招揽客户上。这是一个数字游戏业务，她联系的公司越多，业务增长的可能性就越大。一旦潜在客户打来电话，她所有的时间和希望就会耗在上面，直到签订合同或者合同泡汤。

3月的一天早上，多利亚接到了一个热情的来电，是一家新晋电话推销公司的人资总监打来的，他说他收到了她的营销手册，觉得她正是自己要找的人。

两个人见了面，他又一次表示，自己对多利亚的咨询服务特别感兴趣。现在，他只需要老板批准，就可以签合同开工了。

但那一天迟迟没有到来，因为人资总监说老板去外地了，

忙得没空见面。世事变化莫测，尘埃落定前一切都不好说。人资总监一直向多利亚保证，说他对这次合作很感兴趣，一定会把她的想法告诉老板，让老板优先考虑多利亚的计划。最后，他确实见到了老板，但老板说要再了解一下。

此时，多利亚还抱有希望，并花时间做了更多调研，还免费写了一篇长长的提案。不过，她开始变得焦虑、急躁。直到秋天，她也没有等来这位人资总监在一开始时所说的合同。

多利亚放弃了，而且很生气，她生气人资总监开了一张空头支票给她，并一直在欺骗她，以及他只会说好听的话却没有跟她说实话，她更生气自己错信了他。

后来，多利亚意识到比起失望，她更心疼自己的提案落空，并浪费了时间。最让人难过的是她意识到她虽然讨厌人资总监的做法，但她自己也对别人做过这样的事。

多利亚也有这样的习惯：只说人们当下想听的话。她害怕说出真相后，人们会失望、产生挫败感，或者干脆不再喜欢她。所以多利亚只说对自己有利的话，而不理会自己对别人会造成什么影响。就算她不能给别人带来什么好处，也许许下承诺就能留住别人。

长此以往，其他人知道了多利亚的为人，开始跟她撇清关系，或接受她的这个缺点，降低期望值。但多利亚并没有意识到自己的问题，直到这次人资总监的事，她才发现这一点，并慢慢地改变。

多利亚的故事告诉我们，难相处的人就像一面镜子，能反射出我们自己的缺点。我们经常能看到别人身上不好的地方，却很少意识到自己也有类似的问题。

每个人身上都有自己没有注意到的地方或者不愿看到的地方。这是因为多数人觉得自己的缺点不值一提，甚至不愿意承认自己有缺点。我们往往会把缺点抛之脑后，而只看到自己的优点。

可是，越回避缺点，缺点越是会主动蹦出来，正如精神病学家哈罗德·布卢姆菲尔德所说的"抵之愈坚，持之愈久"一样。

所以，看到别人的缺点时，我们也是在看自己内心一直在回避的东西。如果我们不愿直视内心，就会在别人身上看到自己不愿直视的缺点。

如果你想要更加了解自己，难相处的人就有可能会给你提供很多有价值的信息。我们每次遇到一个不喜欢的人，就会获得一些线索，提醒你注意自己身上被忽视和需要引起注意的地方。

我在前面提过，每个人都拥有很多能力，不管是表露在外的，还是潜伏体内的。我们每改正一个缺点，我们就会变得更加完美。如果我们能够认识到自己的缺点，并合理运用，就可以将缺点变成优点。

我认识一个特别犟的人，叫加里。如果有人拒绝了他，他就会想尽办法让人们答应他的要求。很多人讨厌他的这种坚持，但很多时候他的不屈不挠，确实让他尝到了甜头。有时候他的反对者做得不对，他的坚持反而能把事情做对；他的坚持的确让他获得了一些成功。如果别人拒绝自己就放弃的话，就不会取得成功，加里把自己的缺点变成了长处。

每当我跟弟弟报怨父亲的所作所为时，他都会先表示同情，然后他就会指出，我们很讨厌的那些品质，也正是支撑父亲熬过 6 年纳粹奴役的品质。如果父母身上没有那些我所讨厌的缺点，就不会有现在的我。

如果我们没意识到自己的缺点，我们就无法知道它会如何影响别人，并如何给人际关系带来隐患，毕竟看不见的错误才是拦路虎；如果我们知道了自己的缺点，我们就可以有意识地采取行动，变劣势为优势。

接受自己的不足，就像珍惜自己的长处一样，它们都是了解自我的重要方面。难相处的人是我们发现自己缺点的重要工具。我们不愿意发现自己的不足，但是我们一旦愿意了，就一定会发现自己存在哪些问题。

难相处的人就像一面镜子，他会帮助我们发现自己的盲点以及自己藏匿起来的缺点。掌控自己的缺点，并有意识地关注缺点，就可以把它们变成我们的优势。

难相处的人助我们改善性格

才华在平静的地方增长，品格在人生的激流中形成。

——约翰·沃尔夫冈·冯·歌德

考试考得好，并不代表这名学生学会了很多知识。精神考验亦是如此，考验越难，就越有成就感。

对朋友、家人和那些喜欢我们的人热情、大方、友好很容易，因为这是我们的本能。我们都愿意在喜欢的人或懂得我们心意的人面前，展现自己性格当中好的一面。

但在讨厌的人面前，我们就很难做到了，我们更容易刻薄、发脾气，被招惹到了还会记仇。如果我们能够对这些人做到友善，我们的精神境界就会获得成长。

学会控制自己的愤怒、克制批评的欲望或培养耐心，我们就可以成为更好的人。困境越大成就越大，我们会在第7章详细探讨这方面的话题。

每一个难相处的人都能帮助我们磨炼性格。

探　索

向别人学习

目的：培养向别人学习的习惯

每一天，你都会在公司、公共场所、家里、电视上，遇到或看到形形色色的人。你是否会抱着善于学习的心态观察他们呢？让我们试着思考下面的问题。

· 他们擅长做什么？

· 在你看来，他们都犯了什么错误？

· 他们对别人有多好或多坏？

· 你是否喜欢他们对待你的方式？

· 你是否也会如此对待别人？

· 他们身上有什么品质，是你想拥有的？

· 他们身上有什么品质，是你想摒弃的？

· 如果越来越多的人变得跟他们一样，那么世界会变得更好吗？

· 如果你像他们一样，你会变成一个更好的人吗？

这样做是为了把我们和别人的所作所为联系起来，让自己的心态变得更加正面。

回　忆

目的： 让你更加感激别人为你做的事情、对你做的事情，以及他们的所作所为的持续影响

第 1 步：回忆一下有没有哪个人，他所做的事在之后的很长时间对你产生了积极的影响。这个人可以是老师、朋友、父母或者陌生人。在纸上用表格罗列出来，在第一列写上这个人的名字，在第二列写上他所说的话或者所做的事，在第三列写上这件事对你的影响。

第 2 步：再试着回想一下其他对你有积极影响的人。用同样的方式，添加到列表中。如果你愿意的话，在心里默默地感谢他们。如果有特别让你感动的，你可以写信或者打电话告诉他们你有多感激他们，他们会因此而感到快乐。

第 3 步：完成列表后，站在他们的立场上思考，你觉得这种行为是有意的，还是无意的？你觉得那些人当时是否意识到这样做会对你造成什么影响了吗？很有可能那些人的行为是无意的，他们当时也没有意识到会对你造成什么影响。

第 4 步：现在，再拿出一张纸，画出三列表格，这一次需要写下对你造成负面影响的人。他们做了什么？是怎么影响你的？

第 5 步：回想一下，这些对你产生消极影响的人的行为

是有意的还是无意的。他们是否意识到自己对你之后的生活造成了什么影响？你很有可能会发现他们的行为也是无意的，当时他们也不知道自己的行为会产生什么影响。

注意：如果想要写信或打电话给这几个人，请务必克制住这个欲望，这个时候的行动只会让你更痛苦，此外没有任何意义。这并不是说你必须默默忍受，而是因为交流需要天时地利，你肯定想先做好准备。本书在第5章中将会教你如何做好准备。

第6步：现在，回忆一下是否有人告诉过你，你曾经深深地影响了他，积极的也好，消极的也罢。你是故意那么做的吗？你是否意识到自己有这么大的影响力？

第7步：总结一下，想一想我们在人际交往中担负的重大责任。只是简单的话语和举动，人们就会影响你，你也会影响别人。再想一想，你在第6步中列出的这些事件仅是你所知道的，还有多少事情也能影响你？

反　　思

目的：想一想，某个人对你做过的事，是否也是你曾经对别人做过的？

如果我们想知道自己的行为对别人的影响，最好的方法就是让另一个人把我们对别人做过的事，对我们再做一遍。

当然，这种方法只有把过去和现在联系起来，才最有效。

这个练习就是针对这一点进行的。

几年前，我那时的女朋友总喜欢批评我。按照我自己的哲学标准，我很认真地问自己，以前我是否也这样，而我觉得我那时没有。直到某一天，我给弟弟打电话，发现自己在指责弟弟最近的兴趣，语气和态度跟前任女朋友一模一样。其实我一直都这样，只是自己没有意识到。而且因为我只对弟弟这样，所以才没有看到前女友和自己的所作所为之间的联系。

虽然这个练习很简单，但要很久才能出成果。

回忆一下别人现在对待你的方式，是否你曾经也用同样的方式对待过另一个人。如果想不起来，可能是因为难相处的人正在以另一种方式出现在你的生命中，也有可能是因为你还没能把这些事情联系起来。

冥想和梦境都可以帮你把这些事情联系起来。在下一章，我们将谈到这些方法。

如果这种联系的确存在，你就会在将来获得一种认知和洞察力。请耐心等待这一刻的到来。

我绝不会那么做！

目的：回忆过去的某个场景，它让你下定决心绝不如此对待别人

当你回忆过去最难相处的人时，你一定会想起那个

让你最痛苦、最难过的人。然后想一想你现在的行为是不是对他们的行为的一种反应。

有一种可能是你正在做的，跟他们对你所做的截然相反。如果你能从中汲取经验，言行妥当，自然是好。比如，小时候你的父母没时间陪你，但你现在会花时间照顾自己的孩子；或者你的父母总是对你大吼大叫，而你只在适当的情况下才会提高音量。

2. 反思自己是否走向了另一个极端。如果你的父母沉迷于赚钱，那你在花钱方面是否会毫无节制？如果你的父母严谨固执，你是否会放弃自己的理想？如果你的美术老师批评过你，你现在是否会抗拒与美术相关的事情？

3. 遇到难相处的人时，我们需要思考一下自己过去是否效仿过他们。通常，我们都没有意识到自己曾经这样做过。请想一想我们现在的言行是否在效仿过去遇到的某个人。如果是，就回忆一下你当时有多痛苦，再想想别人的感受如何。你能改变吗？

焕然一新的你

目的：了解面对难相处的人是如何迫使你挖掘隐藏的潜能的

列下你遇到的难相处的人，过去的、现在的都可以。如果你已经做过第1章的练习，你的清单就已经完成一部分了。

接下来，想想你是如何应对每个难相处的人的。你必须展现自己的哪些品质？在应对这些人时，有没有从自己身上发现以前没有的品质？每次面对难相处的人时，你都发生了哪些变化？

你会发现，有些人能让你发现自己的天赋，帮你挖掘你以前不知道的那些品质。

再出发！

目的： 找到自己以前跟难相处的人相处的模式

现在重新返回第 1 章的练习，完成审视自己的练习。

你找到了什么规律？不同的难相处的人，有没有教会你同一个道理？这是什么道理？你会学到什么？

如果同一件事不停地在你身上发生，就表示你需要将注意力放在这件事上了。

魔镜魔镜告诉我，谁是这个世界上最难相处的人？

目的： 看到别人身上有你不喜欢的东西，养成反省内心的习惯

现在，回到第 1 章"审视"的练习，如果你还没有完成第 1 章的练习，现在就来完成它！在最右边一列的表格中写出那个难相处的人的缺点。

这些品质中，哪些你也有？一定要诚实地记录下来。

如果一个都写不出来，就说明你要么很完美，要么没有意识到自己的缺陷。

在生活中，每当从别人身上发现缺点时，就停下来问一下自己是否也有这样的问题。你会惊讶地发现，这些缺点你都有，只不过你不想承认罢了。

下　篇

如何与难相处的人相处

第 5 章

如何解决棘手的人际关系

治愈棘手关系是一个内部过程

一段关系如果没有和平结束，就不会真正结束。

——梅里特·马洛伊

每周在接儿子的时候，查理都会在街区尽头，像警察监视各种动静一样坐在车里。虽然已经离婚好几年了，他仍然不想和前妻打招呼。

德里克现在是这家爱尔兰酒吧的常客，酒吧窗户上贴着大朵绿色的三叶草图案。每次喝酒前，德里克都会跟其他客人诉苦，讲述自己忠心耿耿十年，却被老板随随便便开除，丢了高薪工作的事。

在当地一家泰国餐馆看到之前的闺蜜和自己的前男友时，苏珊还是心里一颤，觉得浑身不舒服。他俩自从结婚以来就搬到了外地，苏珊本以为自己已经彻底放下了。

克莉丝汀不知道自己能否从格雷格的阴影中走出来，这个男人之前经常家暴她。她不得不逃到这个收留被虐待妇女的避难所，每次在浴室镜子里看到脸上的伤疤时，她都会想起他。

安迪在大学期间交了一个女朋友，却遭到了父母的反对，但他俩还是结了婚，父母便跟他断绝了关系。自那时起，安迪已经有 23 年没跟父母讲过话了。父亲去世前，他想去医院探望，但母亲跟护士说没有她的允许，不准任何人见她的丈夫。在父亲的葬礼上，他完全被当成了一团空气。

人们总是彼此伤害，导致关系破裂，虽然不会对身体造成伤害，但它所带来的心理伤害大多会经久不散，令人痛苦。我们都有尚未了结的事情，包括现在的和过去未解决的棘手关系，我们应该如何应对？如何结束这些未尽事宜？能否和别人达成和解？

把没有解决的事情解决了，是我们最重要的精神修行。如果我们不采取行动，就算你没有发现，那些事情也会一直存在，终究会再次浮现，就像欠债早晚得还一样。如果最终的精神课程的主题是爱，只要我们还没有学会，就说明我们还有事情要做。

如果一段关系依然会让你不舒服，或者你仍然对对方有所期盼，就说明这段关系没有结束。如果你心里依然难过，如果你依然想让对方说些什么或做些什么来纠正错误，关系就还没有完全了结。就算我们觉得已经过去了，就算对方已经离开了，就算彼此之间没有任何联系了，关系也没有结束。

希拉来到我的研讨班，想要学习如何处理自己和姐姐格里的关系问题。多年来，格里总是在挑剔希拉，终于希拉受够了，有一天希拉跟格里说自己跟她再也没有关系，这让她产生了强烈的解脱感。

后来，因为家事，两人总能见面，但每一次希拉都会很敷衍地跟格里打招呼，然后就装作格里不存在一样。格里却想要维系关系，她总想引起希拉注意。希拉来到研讨班，是想让格里从她的生活中消失。她以为单方面决定跟姐姐绝交，就可以解决问题。

我都无需告诉希拉，她和她姐姐之间的关系还没有结束，因为研讨班里的其他学员已经替我说了。她这样做可能在日常生活中有用，能帮她避开姐姐的语言攻击。如果她要以此惩罚格里，那她已经很成功了。不过姐妹俩之间的深层次问题，并没有得到解决。回避不等于治愈。

我们很容易就看得出来事情还没有结束，但在人际关系中，怎样才算结束却很难说。治愈，并不只是指感觉好些，并不只是一次关于分歧的交流，并不只是停止冲突，也不只是恢复礼貌的言行。治愈可能很缓慢，也可能是在一瞬间完成的。治愈可能需要别人帮忙，也可能自己就能完成。治愈是内在的过程，不是外在的改变。

实际上，治愈是一种认知，即承认曾经的问题已经不复存在。这是一种轻松、解脱和从容，而不是紧张、痛苦和烦恼。

治愈是放下对另一个人的所有期望，是学会人际交往问题教给我们的精神道理，最终学会原谅。

当我们在处理未尽事宜和治愈关系时，最好让另一个人也参与进来，因为这样有助于彻底治愈，既有原谅，也有和解。但要完全解决，我们首先要做好心理准备，把它当作内心的家庭作业。一个人需要在洞察力和情绪都保持平衡时，再去接近别人，只有使自己的内在达到这种状态，才能对结果完全满意。

有时候，你没有办法跟别人诉说，就只能独自治愈。这一章会列举若干没有别人参与的愈合方法，为面对面讨论做准备，或作为别人无法参与的备用方案。

有些情况下，我们只能选择独自治愈。比如那个人很暴力，面对面交流会让自己身体受伤。或者，虽然你让步了，对方依然拒绝与你合作。又或者，那个人住在别的地方，你没有办法和他见面。又或者，那个人已经过世，现在已经没有办法和解了。

如果有未尽事宜，要想释怀就需要我们做到四件事：第一，有想要和解的欲望；第二，有勇气直面因此出现的痛苦情绪；第三，有愿意了解自我的意愿；第四，有实践的技巧。

自我治愈的困境

> 除非真有要原谅的事，否则人们口中的原谅就只是一个美好的想法。
>
> ——克莱夫·斯特普尔斯·刘易斯

只有想要愈合，愈合才会真的发生。在一段关系里，至少得有一方愿意，关系才能有所改善。那么为什么人们不愿意愈合？为什么人际关系问题会一直存在？

这有很多种可能。

·有的人不愿被打扰，或者心中有更重要的事。随着时间的流逝，就算因为前阵子的事闹得不太愉快，和对方的关系变得紧张，甚至断交，他们也不在意。

·过于关注问题，更容易让一个人忽略生命中更重要的事情。

·有的人遇到难相处的人时，会压抑自己的情感。应对难相处的人，意味着他们会更激烈深刻地感受痛苦等情绪。

他们可能还没有做好准备如何应对，或者没有能力应对。

· 有的人很矛盾，有问题反而会让他们觉得舒服，因为能跟朋友、心理医生报怨，获取同情。如果没什么可报怨的，他们就会觉得没人关心他们。

· 有的人认为，不解决问题就是在惩罚别人。

· 保留问题不解决就可以维系各种关系。有矛盾、不和谐，好过彻底没联系。

· 如果一个人在成长过程中经历过很多冲突，他可能会认为问题是与人交往的正常模式，不知道或者不习惯和谐的关系。

· 不解决问题，就能让他按自己的意愿掌控关系。只要不和解，他就会继续掌握控制权。

· 有的人已经习惯了消极情绪，他不停地让别人愤怒或感到羞愧，只为证明自己还活着。治愈则意味着接受不熟悉的感觉，他会因此感觉不自在。

· 有的人觉得自己活该痛苦和不开心。如果解决了问题，就意味着切断了自己与悲惨的联系，并接受自己值得幸福的事实。

· 继续保持对难相处的人的不悦感受，可以让他产生自己很优秀的错觉。受委屈的人会觉得自己是对的，而作恶的人就是错的。他会觉得自己是无辜的受害者，而作恶者是恶魔。如果关系得到了修复，受害者就会跌落神坛。

·有的人能从痛苦中找到自我意识。家庭悲剧的幸存者或酒鬼的配偶，能在特定群体中找到认同，彼此分享痛苦。如果自己能够从伤痛中解脱出来，也就意味着他们失去了自我意识。

·有的人太过骄傲，不愿治愈。因为愈合说明他们也有问题，需要承认自己的错误。

·治愈本质上是自我了解。不愿直视内心的人，自然也会拒绝治愈。

·有些人不知道如何治愈，他们陷在自己的感受中，不知所措。遇到难相处的人，他们也有可能不知道该与对方说些什么。

·有的人觉得看不到治愈的希望。如果没有十足的和解的可能，有的人可能会因此放弃治愈。

在棘手的关系和解前，我们一定要审视内心，找到问题出在哪里，并愿意去除它们。

让我们受伤的不是别人，而是我们自己

> 伤痛是如此之深，我们无法用言语去触及它，也无法用言语去治愈它。
>
> ——凯特·萨瑞蒂

每次遇到难相处的人，我们都会很痛苦。毕竟，我们说一个人难相处，说的就是他的行为会导致我们不快乐的感受。

这样的相遇所产生的后果是不一样的。轻一点的可能只会困扰我们一阵子，最后消散殆尽。严重的则可能会萦绕我们一生，恶化成永远的厌恶和憎恨。

治愈不会立即消失的感受时，我们首先必须治愈的是造成痛苦的伤害。可问题是，为什么有的相遇会如此痛苦？面对难相处的人，我们应该做点什么？

第一，我们要考虑问题持续的时长。它是一次偶然事件，还是已经持续一段时间了？问题持续得越久，伤害就越深。

第二，我们要考虑自己失去了什么。难相处的人总是拿走我们珍视的东西。如果你在开车时突然有陌生人加塞，就会耽误我们一两分钟上班的时间，也会让我们失去平静的心情。如果因为别人糟糕的开车技术导致交通事故，可能会影响我们的健康和活动能力。还有一些难相处的人会夺走我们的荣誉、财物和创意，导致我们失去信任和安全感。难相处的人甚至会背叛和抛弃我们，让我们不再相信世界很安全。失去的东西对我们越重要，我们的伤痛就越大。

第三，我们需要仔细思考我们和难相处的人之间关系的本质。陌生人造成的损失会让人难过，如果是亲近的人，则会让我们震惊。对伴侣、兄弟姐妹、父母等所爱之人，我们的期望是非常高的，如果他们伤害了我们，我们就会更痛苦。家庭悲剧造成的伤害最大，是因为我们被最信任的人背叛了。

第四，我们是如何受伤的？难相处的人会影响我们，过去的情感创伤是重要原因。有些行为之所以伤害性很大，是因为其勾起了我们内心深处久未治愈的伤痛。

第五，我们当前有何能力应对情感上的痛苦？我们成熟吗？我们的身体足够健康吗？我们能否治愈自己的童年旧伤？我们对自己有多了解？我有什么长处？谁会在需要之时给予我们爱和支持？如果我们的心理、身体、情绪和精神都很健康，难相处的人是不会对我们产生太大影响的。大多数时候，我们的内部资源能够有助于应对这些状况，并保护我们不受伤害。我们可以放下伤痛，继续前行。

难相处的人会伤害我们，但痛苦的程度取决于我们自身，而不是他们的行为。

学会完整地体验我们的感觉

没有经过激情炼狱的人从未克服过激情。

——卡尔·古斯塔夫·荣格

遇到难相处的人时，我们会体验到一种激烈的情绪——可能是我们所能体验到的最激烈的情绪。这种感受我们无法忍受，我们才会迫切地想要做些什么。暴力的出现，就是因为没有能力应对这些激烈的情绪。

在多数情况下，人们会把这种感受归咎到让我们产生这种感觉的人身上，毕竟如果他们不出现，我们也不会有这种感受。

没有人应该为我们的情绪买单，因为情绪是我们自己的，具有个人属性。把别人当成罪魁祸首，只会分散我们的注意力，忘却内心的混乱。难相处的人可能做了一些恐怖的事情，但他们无法把情绪植入我们的内心。

情绪激烈是深埋心底的情感创伤导致的。要治愈和别人的关系，首先得治愈我们和自己的关系，这可能需要我们穷尽一生的时间，因为我们需要面对内心深处的痛苦和恐惧，这绝非易事。但是，治愈后我们便可以获得自由，这可谓莫大的奖励。治愈旧伤，能把我们从自己情绪缔造的囚牢中解脱出来。

令人矛盾的是，情感创伤是好事，因为创伤越严重，我们在生活里做出改变的动力就越大。

要开始治愈工作并不复杂，无非是不再逃避自我，去感知和体验情绪。很少有人知道怎么做，因为大家都没有学过。在成长过程中，看着父母和别人以某种方式应对自己的情绪，我们也就学会了这样的方式。例如，有人把感受压在心里，否认自己生气、受伤、难过；有人用无聊的活动转移注意力；有人言辞刻薄，并以此宣泄情绪。

要改掉这些习惯，我们得先学会如何与痛苦共存。请别再装作万事大吉，以免错误地发泄情绪，并依靠酗酒、暴饮暴食、冲动购物、赌博和沉迷于电视等转移注意力。我们还要明白，因为自己的情绪去责备、控诉和袭击别人，当时可能觉得很舒服，但从长远来看毫无益处。

这个过程，就像骑一匹野马去参加竞技比赛。竞技明星只有一个目标：不管发生了什么，都要待在马背上。只要不掉下来，就不会受伤，而掉下来就有可能摔断脖子。

奇怪的是，虽然我们心里的所有直觉都在告诉我们要逃离那些情绪，实际上我们应该尽最大努力待在"情绪的野马"上，去感受痛苦。不管情绪有多猛烈，让我们有多难受，体会情绪也不会伤害我们。

感受不到痛苦才会出问题。如果否认、压抑感受，没有正确地表达它们，最终就会影响我们的身体健康和享受生活的能力。这种把注意力从情绪中转移出来的方法很容易成瘾，比如跟某些东西（酒精、食物、金钱、赌博）形成不健康的关系，以此减轻或者逃避情绪痛苦。如果受这种强烈的感觉的影响，我们还有可能做出害人害己的行为。

学会彻底地体会我们的感受，我们就会明白这些感受不等于我们这个人，这些感受只是属于我们，它们会慢慢地不再控制我们。

治愈的途径是感受。

远离精神麻痹

> 你无法感受自己接触不到的事物；但是，你可以不
> 顾自己的感觉，把事情做好。

——赛珍珠

让人矛盾的是，精神信仰也会成为治愈的障碍。在精神上应对难相处的人时，很多人以为自己知道怎么做，觉得传统美德教给我们的善良、容忍和原谅是正确的。

崇高的想法，往往也是糟糕的建议。一个人若还在气头上，他是善良不起来的。如果我们感觉被侮辱了，也会丧失原谅的能力；在我们为所做的事而气愤难平时，也做不到原谅。违背自己的感觉去做事，对大多数人来说，是很难做到的。

精神修养不是假装一切都好，也不是我们被伤害了却要表现得毫不痛苦。压抑愤怒有害健康，以精神之名脱离或超越情感的痛苦，是不现实的。

所谓精神修行，是不管我们有多痛苦，都必须接纳感受、

体会感受。我们要允许它们的存在，并转化它们。精神修行不是假装我们很好，而是不管感受如何，不管自己遭受了什么，都不去伤害别人。

精神修行源自行动，而不是我们的感受。就算我们觉得被深深伤害了，也要学着克制，是一种值得赞赏的精神修养。明明烦恼却要装作不烦恼，那叫精神麻痹。

精神麻痹有副作用，可能会产生这种后果：如果我们以精神之名，否认我们和别人在相处中的强烈感受，就会阻碍我们感受改变和成长的强度。

我们无须为感受负责，我们应该为行为负责。

如何用身体释放情绪

> 所有的情绪，本质上都是想要行动的冲动。
>
> ——丹尼尔·戈尔曼

情绪是存在于我们体内的一种生化反应。如果我们仔细观察，就会发现在我们情绪激烈的时候，我们总会产生一些生理上的变化。比如我们生气时，会心跳加快、血液循环加速、拳头紧握、牙关咬紧和做好行动的准备。当我们被羞辱时，我们会面红耳赤，并垂下头。

既然情绪是生理性的，运动对情绪的释放就尤为重要。根据情绪和人的不同类型，我们身体的各个地方都能积累酝酿情绪。

试试看，下面哪种方法对你有用。

嘴巴和喉咙 每次看完电影，我们都只会记得某些场景，其他的则全忘了。我记得在电影《歌厅》里，当火车经过时，萨莉·鲍尔斯会大声疾呼，以发泄情绪。大喊大叫对我们宣泄情绪非常有用，但问题在于要找对地方，既不会打扰别人，自己也不会觉得尴尬。你可以在停车场的偏僻角落，关上车窗，然后在车里大喊；或者在地铁站，在列车经过的时候大声喊叫。其他公共场所，如休闲公园、体育中心等，都是可以释放情绪的地方。

唱歌也是发泄情绪的好方法，它既没有那么夸张，而且还很艺术。

如果你喜欢言语攻击，就冲着电视、对着影像或者对着电话开骂，这些都可以宣泄心中的不快。

眼睛 科学家们发现，跟单纯受刺激所流的泪水相比，因为情绪原因导致的泪水中，含有一种特殊的化学元素，可以宣泄情绪。哭泣是宣泄情绪的本能机制。不会哭或者不愿哭的人，就失去了这一重要的情绪宣泄出口。

手和手臂 使用手和手臂的体育运动是另一种释放情绪的途径。壁球就很有用，需要我们用尽全力击球。砍木头既能宣泄情绪，还能做点正事。击打沙袋、枕头或者互打棒（一种粗大且带有很沉的填充物的棍棒），既不会伤害别人，还能发泄愤怒。扔飞镖也是一种流行的解压方式。打雪仗、打水气球、玩水枪，都是表达攻击的形式。

腿和脚 足球、自由搏击、散步、骑行、爬楼梯和跑步，这些都可以帮助我们释放积聚在身体下半部分的情绪。

全身 练习武术是最好的方式，它能让你释放积聚在浑身上下的负面情绪。练习武术时不仅需要喊叫，还要又打又踢，其进攻性很强，却又是社会能够接受的形式。

跳舞、游泳、划船、攀岩和越野滑雪等也很有用，都是需要全身参与的运动。

除了释放情绪以外，体育运动还有个好处，就是健康强壮的人复原能力更强，能够更轻松地应对难相处的人。

运动有很多好处，但有一点必须澄清：运动没有涉及问题的根源，也绝对不能替代面对面沟通。

宣泄情绪时，使用不伤害别人的运动方式很重要。

释放情绪创伤的三种途径

> 灵魂借助身体表达自己，把身体当作工具，当作和
> 外部世界联系的媒介。
>
> ——约翰·特努斯

体育活动可以有效驱除当前困扰我们的情绪。如果我们还遭受着久治未愈的旧伤的侵扰，我们就需要一定的方法把它释放出去，否则现在遇到的难相处的人就会不停地勾起我们的旧伤。

心理疗法是治疗旧日创伤的传统手段，本章稍后会探讨这种方法在治愈人际关系问题上的价值。但是，谈话疗法的效果具有局限性，因为我们的情绪创伤不只是精神上的，还有生理上的。情绪是靠生物化学反应调节的，当我们感觉痛苦时，一定会对生理造成影响，而运动和谈话，无法真正释放痛苦。

所以心理疗法可以借助三种途径释放情绪创伤：身体体验疗法、呼吸疗法和聚焦疗法。这听起来似乎很陌生，但是

其作用在这几年已经得到了认可。

身体体验疗法 正如前面提到的，我们每经历一种情绪，我们的身体就会出现相应的反应。消极痛苦的感受会在身体上留下永久的印记，尤其是在筋膜，即结缔组织网上。结缔组织网支撑着全身的器官、肌肉和骨骼，它就好像身体给自己制造的一副盔甲，以保护身体免受更多袭击。

试想一下，因为父母的打骂而经历了痛苦的孩子的困境。他还没有能力用身体或者语言捍卫自己，他只能用身体来保护自己，让自己免受情绪的痛苦和外界未知的威胁。假设你是这个孩子，你的身体会如何应对？

根深蒂固的情绪创伤，无法通过运动或理性认知完全得到释放，需要耗尽一生才能练成护体神功。受过这方面训练的治疗师可以通过触觉感知一个人的情绪经历，从而帮助人们卸下他们积累的"心理铠甲"。

身体体验疗法不同于传统按摩。按摩只能放松缓解表面上的压力，而身体体验疗法通过另外的训练深入身体，找到埋藏已久的情感创伤，并使其释放。跟按摩相比，身体体验疗法可能没有那么舒服，在释放旧情绪时，我们甚至需要再次体验这些情绪。

呼吸疗法 当情绪压力出现时，我们的生物化学反应变化往往还伴随着呼吸变化。我们的呼吸会变浅，而当受到惊吓时，我们一般会屏住呼吸。

这正好解释了为什么人类祖先遇到危险时会不发出声

音，因为这样大型捕食动物就无法找到他们。在危险情境中屏住呼吸，这种本能反应也是一种进化，可以保护人类不受伤害。在现代社会中，很少会遇到不需要发出声音的危险。

呼吸疗法的前提条件是随着压力的变化，呼吸也会自主变化，我们可以用具体的呼吸技巧来缓解压力。

聚焦疗法 所有情绪都与身体有一定关联。如果你说你紧张，你之所以知道，是因为这是身体通过某种方式告诉你的；如果你感觉害怕，是因为你身体里有未知的事物在运作，将未知看作恐惧；如果你知道你在生气，是因为过去生气时，你的身体也是这样反应的。

聚焦疗法是芝加哥大学心理学教授尤金·简德林提出来的。经过数年的调查研究，他发现心理治疗效果最好的人，都能和自己的内心意识建立一定的联系，两者共同作用。后来，他开始以此为自救工具，并将其单独运用在心理治疗中。

聚焦就是倾听自己身体的反应，倾听它的诉说。我们的身体很聪明，有各种各样不需要开口的线索，告诉你正在经历什么。聚焦疗法能够教会你如何解读这些线索，只要与身体感受保持一致，就能看到自己的变化，即一种瞬间的顿悟。这也就表明你已理解了当前要解决的问题，并获得了一定程度的释放。

本章最后的"探索"部分，给出了提升身体意识的练习方法。

要治愈埋藏在内心的情绪创伤，我们可以采用以身体体验为主的方法。

在自我了解中治愈

> 不管我们去哪里，不管我们做什么，自我都是我们能够学习研究的唯一课题。
>
> ——拉尔夫·沃尔多·爱默生

我们在前面探讨过，棘手关系的本质——我们的对手就是我们的老师，他教会我们不学习就失败的道理。治愈棘手关系绝非只是释放情绪，它也是一种学习，学习的内容都是关于自我的。

要治愈棘手关系，我们首先需要了解自己。如果我们努力掌握了自己需要学会的功课，问题就会得到缓和，因为我们不再需要对手充当我们的镜子，也不需要其他人做些什么来提醒我们注意。

卡尔和托妮都是离异没有孩子的人，都住在西雅图。两个人交往了几年，虽然互相很包容，还是难以维持这段关系。卡尔有个毛病，不管什么时候遇到问题，都喜欢指出托妮身上所谓的缺点，说她不够成熟太自我，说她喜欢控制别人，说她在做决定时，尤其涉及两个人时，从来也不询问他的意见。

后来，托妮遭遇事业危机，突然失去大型保险公司经理的职位，开始出现各种经济问题。托妮无力担负在普吉特海湾公寓的昂贵费用，为了缩减开支，不得不换了个面积小一点的房子。卡尔不仅没有支持她，反而大肆数落她花钱没计划。他还会带她到外面吃饭、借给她一点小钱、给她买衣服，但一想到她的生活没有方向、花钱没节制，卡尔就会失去耐心。

虽然卡尔经常责备她，托妮还是很爱他，并一直在努力维系这段关系。她相信他是真心爱自己的，而且对自己的观察和看法基本是对的。她一直想要迎合他、让他开心。卡尔也很爱托妮，他喜欢她的活泼可爱，也喜欢跟她分享和探讨人生。

但是，情况开始发生转变。在托妮去看心理医生时，医生鼓励她审视自己的内心。她学会了聚焦疗法，也学会了分析自己的梦想。通过聚焦疗法，托妮逐渐了解了各种情况下自己的身体反应，比如没有被尊敬时、不诚实正直时。通过冥想，她的内心变得宁静了，在面对卡尔的批评时，她也不会立马反驳了。通过分析自己的梦想，她发现自己没有展现自己的创意。现在，她觉得失业是件好事，让她能够发现真正适合自己的工作。

关注内在一段时间后，托妮慢慢地学会了开源节流，做选择时也更务实，并找到了新的职业方向。她开始明白卡尔所提的某些意见是对的，也知道那些看法对她有积极的影响。同时，她也可以保护自己不被卡尔的尖酸刻薄影响。最重要的是，她现在知道，如果诚实地审视自己，就不需要卡尔再去帮她做这件事了。

难相处的人的出现都是有理由的。或许是为了帮助我们了解自己、解决问题，或许是为了让我们面对痛苦的真相。

通过感受找到更深层次的意义

> 真相必须逐渐散发它的光芒，否则人们的眼睛就要被这种炫目的光线给弄瞎了。
>
> ——艾米莉·狄金森

至此，对本章内容做个小结：治愈既需要我们应对自己的感受，也需要我们寻找困境背后的精神意义。两者并不孤立，只有通过感受，才能找到意义。

最后一句话仿佛很矛盾，因为我们习惯用智慧思考事物的意义。但是，这里所说的意义是了解我们的内在认知，是追求更深层次的真相，而不是一些抽象的理论概念，是以前没有意识到的、对自我最直观的领悟。

我们的感受可以传递这种意义。在棘手关系中出现的强烈感受，是在告诉我们内心的某个地方很受伤，正哭喊着想引起我们注意。消极情绪是在说我们内心的某些东西被忽略了，渴望更多的精神寄托。当我们意识到自己的内心在逃避、忽略和保护什么时，就已经迈出了第一步，开始寻找精神意义，并治愈我们的困难。

丹和理查德一起并肩工作了好几年，但是看到搭档获得自己梦寐以求的职位晋升时，丹还是很难过。升职意味着更多的薪水和声望。因为没有晋升，丹觉得自己像被抢走了一切。接下来的几天乃至几个礼拜，丹在工作时都带着愤怒、憎恨、失望和沮丧，理查德却很友善亲切，丹觉得理查德虽然面带微笑，心里却在沾沾自喜。

丹无法处理自己的情绪，就去看了心理医生。过了一阵子，他明白自己生气不是因为没有得到本该属于自己的东西，而是因为和哥哥关系不好。年少时哥哥就是全家关注的焦点，无意中，丹把对哥哥的愤怒转移到了理查德身上。

丹意识到自己过于从工作中找寻认同感，而自己别的角色：父亲、丈夫、社区成员、儿子等却被忽略了。没有升职这件事，挫败了他依赖工作维持的认同感和自信心。他不知道如何整合生活中的其他方面，以培养更平衡更充实的自我意识。所以，丹开始频繁地参与其他活动。

在学习小组里，丹认识到对金钱和声誉的追求，压根就是无法满足的欲望，因为得到的越多，想要的就越多。追求物质和地位是为了弥补自己无法从人际关系中获得充实和满足的遗憾。最终，丹意识到自己需要学习的是如何处理人际关系问题，学会爱与被爱。

丹花了几年时间才走出心理困境。因为痛苦，他迫不得已用新的方式看待自己的生活。如果不是没有升职这件事，他可能还在追求虚无的东西。他不断寻找自己痛苦的根源，终于发现了藏在和同事之间的问题背后的精神意义。

从困境中找寻精神意义并非易事，这不仅需要时间和精力，更需要意愿和决心。只要发自内心地认真寻找，就一定会找到。

不同的人，适用于不同的方法。比如丹，他得益于心理治疗，而上个故事中的托妮，还同时运用了聚焦疗法、冥想和梦境疗法。接下来我们会谈到其他几种方法，有心理学方面的，有精神方面的，它们能够帮你体会自己的感受，并揭示你在生活中遇到的困难的意义。

在你遇到的困难的深处、强烈的感受背后，是关于生活的精神真相。

写下你的感受

作家写作，是为了教导自己、了解自己、满足自己。

——艾尔弗雷德·卡津

写作能把不确定、抽象和模糊的东西变得具体化。在与难相处的人相处时，各种感受、感想和思想都会在心里打转。写作可以记录这些思绪，将它们变成看得见、有意义和有重心的字词。

把面对难相处的人的心理感受写下来，就是把内心的所思所想写出来，有利于我们对其进行观察和思考。我们的感觉，包括那些让我们痛苦和讨厌的感受就会悄无声息地溜走。但它们都会带着愤怒和目标，急切地向我们诉说一些故事。

写作有助于修复关系。写作既能表达情感，又能培养自我谅解的能力。写作是一种出口、一种净化方式，它可以安全、隐秘地控诉那些让我们如此痛苦的人。

我有很多次想要打电话找难相处的人算账，是写作拯救了我，让我没有意气用事地把污言秽语说出口，那些话会像鱼钩一样，勾住对方的心。不是打电话，也不是说出口，我选择通过写作宣泄情绪。我在纸上喊叫，在键盘上使劲敲打，对着屏幕吐槽，熬夜。等我实在累得不行了再去睡觉，然后在梦里继续。

有些伤害我的人给我带来的情绪要很久才能消散，所以有时要好几个礼拜才能写完。如果不把自己的感受写出来，我就会被自己的情绪影响好几个月。

在应对棘手的人际关系时，写作有两种用途：一种是可以把自己的感觉发泄出来，并理解自己所处的困境，以让自己感觉好一些；另一种是为了跟对方交流。要知道这两个目的不能一次性满足，如果是为了治愈，就必须是只写给我们自己看的；如果准备分享给对方看，那就大错特错了，因为这会让你们的关系无可挽回。

写作练习可以帮你应对自己强烈的情绪，了解自己所处的困境。本章"探索"部分会教你几种练习写作的方法。下一章，我们会探讨怎样将写作用于和难相处的人的沟通。

想治愈自己强烈的感受、更好地认识自己所处的困境，写作不失为一个好办法。

向别人倾诉自己的苦恼

> 对朋友爱得越深，奉承得就越少：真正的爱是无须辩解的。
>
> ——莫里哀

我有一位朋友，他的工作经历可谓一波三折，跟现在的老板也处得不太好。他知道我从事管理教育和咨询工作，所以在一次聚会上找到了我，希望我能给他一些建议。可他真正想要的，其实是有人愿意倾听他抱怨自己的老板有多差劲。我确实认真地倾听了，也小心翼翼地给出了几个可行（我觉得可行）的方法，以便他有所行动。但效果并不理想，我开始怀疑自己这么直接是否妥当。

在跟别人处不来时，我们常常会向家人朋友倾诉，当然，这得他们不是当事人的时候。这时，我们的首要目标是找人验证自己的想法和感受，希望有人能够肯定我们确实受到了不公正的对待。在得到别人的支持后，我们就会希望听到他们说我们的遭遇是不合理的，并希望世界上的其他人能够在意我们。在做出蠢事之前，最好找个人看看我们的计划是否明智。

找人倾诉的另一个重要的好处在于，倾诉也是我们倾听自己的途径，让我们理解之前不能理解的困境。另外，倾诉也是一种重要的发泄情绪的方式，并且不会伤害任何人。

我们在跟朋友们讨论自己的问题时，我们容易缺少客观的反馈，因为有时我们并不想听到我们真正需要的意见。千万别忘了，在本书的第 1 章中，我们就探讨过我们对困境的理解只是问题的一个方面，从某种程度上说，这个理解是不完整、不准确的，会让问题继续存在，且不能从中学到东西。很多时候困境是由我们自己引起的，但我们却在责怪别人。

在前面的故事中，别人征求我的意见时，我好为人师地指出了几个盲区，可能是时机不对，也可能是我不该说。不管怎样，我们都能从这种结果中收获一些东西，否则就只会一条道走到黑，不停地重犯以前的错误。

好朋友会倾听我们的倾诉，而不发表任何评论，他们会接受我们的强烈情绪，并体谅我们的痛苦，表达对我们的关心。真正的好朋友，还能帮助我们从一个全新的角度看待自己的境遇。

个体化治疗

只考虑自己时，就无法顾及事实。

——马克·吐温

以前我有一位朋友，他大学毕业后一直自己住，快 30 岁的时候搬回了父母家。因为公司的委派，他准备长期驻扎在巴西，正好自己的房租也快到期了，而且他也想在走之前多陪陪父母。

可是一搬回家，他跟母亲的关系就恶化了。再次遇到他的时候，我们在他家附近散了一会儿步，并就这个问题进行了讨论。最后我对他说可能心理治疗对他更好，他却回答说：好朋友不亚于心理医生。

他的话引起了我的思考。在他看来不用花钱的朋友也能起到心理医生的作用，那么我们为什么还要花钱去看心理医生呢？

我回答道：心理医生对问题的分析是非常客观的，而且他会通过科学的手段，帮你找到解决问题的方法，这一点无可取代。

我们构建了自己的现实，创造了一个美好的世界并住了进去，每个人都有自己的规则、信仰和要求。可是这个被创造的世界过于真实，我们都忘了这不过是我们自己创造出来的产物。改变看待周围环境的方式，可以让我们从诸多关系的问题中解脱出来。

心理治疗师布鲁斯·埃克尔和劳雷尔·赫利巧妙地解释了人是如何构建现实的，并提出了一个问题：假设一只活鹅困在了瓶子里，而瓶子颈很细，我们怎么做才能把鹅救出来，既不伤害鹅，也不损坏瓶子？

请花时间思考一下。

答案很简单！"噗"一下！鹅就出来了！

因为这只鹅既不在客观世界里，也不在瓶子里，它只存在于我们的脑海里！客观世界的规则并不适用于它。在想象的精神世界中，让鹅出来很容易。但如果假定鹅和瓶子是真实存在的，则此题无解。

和难相处的人之间的问题就像拯救瓶子里的鹅，它看起来如此真实，以至于我们都忽略了那不过是自己感觉和看法的产物。别人总是在说问题都是"你臆想出来的"，这话可能听着很老套，却很有道理。

治疗就是发现问题在根源上的认知、感觉和情感创伤的过程。回到刚才那位朋友的问题，虽然一个有远见卓识的朋友能够帮得上忙，但心理医生有一套系统专业的诊疗策略，并知道怎么做。

如果你从未接受过心理治疗，却想要试一试，下面我就给你提供一些建议，可能会对你选择合适的心理医生有帮助。

·征求意见。征求意见首先要找专业人士，或者到精神健康协会咨询，或者询问自己信任的朋友。通常，最好的心理医生不会打广告，而且行程基本上排得很满。和其他职业一样，心理医生也各有所长，有些医生要稍好一些。

·在做出选择前，至少看两个心理医生后再做决定。如果医疗保险指定了特定的诊所，在做决定前可以先打电话给可供你预约的医生，了解一下医生的具体情况，再决定去哪家诊所治疗。

·选择跟你同龄或年长的医生，因为你们都经历过特定的人生阶段。比起刚毕业的医生，如果你的心理医生跟你处在相同的阶段，或者已经过了你的年纪，会对你更有帮助。没有什么比生活经历更能让人积累智慧的了。最好的心理医生一般经历过危机，并成功改变了自己的生活。

·接下来，我们需要思考如下问题，并了解治疗内容：这个心理医生之前治疗过这种病例吗？治好了吗？他／她的专长是什么？治疗方向是什么？对药物治疗的理念如何？治疗需要多长时间？收费标准如何？少做一次咨询的后续事宜如何处理?

·不管治疗方法如何,心理医生都应该参加过官方认可的项目培训,持有学位证书。不过,学位类别和训练类别都不重要,重要的是你们俩的关系培养。

·如果医生说自己有特殊的天赋,或者在参加一系列研讨班时学到了新技术,你就要谨慎一点。问题不在于那些天赋或技术,天赋和技术要么有用,要么没用,问题在于运用天赋和技术的方式。暂且不管采用什么方式和技术,心理医生必须学过治疗的基本原则。如果没受过这种训练,他就会在不知不觉中把对你的治疗当作验证自己天赋的途径。

·如果这位医生正好擅长处理你遇到的问题,你也要小心被单纯地当作病症,而忽略了自己是一个有很多面的人,不过恰好遇到了某种问题。

·和谐融洽是成功最重要的因素。你当然希望心理医生能够尊重你,能够明白你的痛苦。你们的互动,应该让你感觉到是在跟活生生的人进行交流;你们的关系,应该让你觉得温暖。

·如果你有对生活的精神价值取向,或者很看重自己的精神世界,一定要确保心理医生足够尊重你。但也不要因为某个医生跟你志趣相投,就特意选择他,这并不能帮你找到一位好医生,可能他会回避使用一些原本能够帮助你的技术。

·选择能够把原谅融入治疗的医生。有很多医生会引导你如何处理自己和难相处的人的关系，但很少有医生会教你原谅那些曾经伤害过你的人。

·不管过程何其痛苦，如果你愿意真诚地审视自己、愿意学习，就一定会有所收获。如果你只是花钱找人倾诉，而让自己感觉好一点，治疗效果也就不过如此。

·一旦建立稳定舒服的关系，如果治疗中出现了让你产生强烈共鸣的东西，你就会如获至宝。不安则暗示着有更重要的信息出现，你一定要留意。如果在治疗过程中，你依然还是气馁，不见好转，你就一定要反思其原因。要么是你的问题很难解决，要么就是你该换心理医生了。

·最后，你必须接受自己发现的一切。每当我们发现了一个关于自己的真相时，你不应该是中立的反应，而是要么觉得有道理，要么觉得不舒服。不要因为自己付钱了，或者因为心理医生有学位而你没有，就接受所有的诊断结论。

治疗是了解自己的过程。

集体治疗

> 两个灵魂的相遇就像两种化学物质的接触：一丁点的反应就会彻底改变它们。
>
> ——卡尔·古斯塔夫·荣格

有时候，我们和别人之间的问题，是因为我们欠缺成熟的交际技巧。虽然很不乐意承认，但有时候我们未能有效沟通，才会导致问题产生。是的，我们自己也很难相处。

独自一人是无法提升交际技巧的。交际，从字面来看，需要另一个人帮助你完成。集体治疗让我们有机会提升交际技巧。如果你也说过"为什么人们这样对我"，集体治疗对你就会有用，能让你获得各种有益的改变。

·跟组员分享自己的困扰，你就会发现别人也有相同的问题，而你并不孤独。

·组员的反馈让你知道自己对问题的看法是正确的，还是扭曲的。

·组员的反馈让你知道别人对你的看法，这些看法可能跟你对自己的看法不一样。

·有机会练习忠于自己的感受、包容自己的感受，这是我们很多人都做不好的地方。

·小组里的其他人可以给你一些意见和建议，帮你解决问题。

·知道小组里的其他人也有过和你一样的问题，能够让你看到希望。

·通过观察小组里的其他人，你可以学到新的交际技巧。

·倾听小组里的其他人的想法或经历，能够让你领悟更多的东西。

·小组里的其他人能够让你回想起原生家庭的亲人，这也能帮助你治愈旧伤。

集体治疗可以帮助你提升交际技巧。

在梦境中寻求指引

> 梦境是一道小门，隐藏在灵魂密室的深处。
>
> ——卡尔·古斯塔夫·荣格

多数时候，我们的注意力会被外界吸引。我们更关注外部环境，而很少关注自己的内心。努力应对难相处的人时，我们只关注他们对我们做了什么，却忘了审视自己的内心。

梦境是古代常用的治疗方法，它能够让我们进入自己的内心世界，发现自己真实的想法和感受。梦境为我们开辟了一条新的途径，以理解我们在人际关系中存在的问题，还能够为我们带来巨大的突破。

我们的内在自我很难琢磨、很抽象、很神秘、很隐蔽。梦境与内在自我也有相同的特质，能够有效地与内在自我联结。

梦境分析有三个组成部分：记住梦境的意愿；有意识地体验与问题有关的梦境的图像内容；解读梦境的框架。以下是一些好用的分析梦境的技巧。

·确保关注自己每天的梦境，并在空白笔记本中记录梦境。

·把你的梦境记录本、钢笔、手电筒或者夜灯放在床边。

·睡觉前不要喝酒，因为喝酒会妨碍做梦。

·睡觉前，强化自己记住梦境的欲望。

·入睡前，先躺在床上放松，然后开始强化这种意识，希望梦境可以给一些与某人问题的提示，暗暗念叨几次自己的愿望。

·如果你在半夜醒来，请慢慢地起身，记录一下梦境中关键的图像或语言，以方便第二天早上回忆。

·醒来的时候，在睁眼之前要静静地躺着，回忆一下刚做的梦。有时倒着回忆梦境也很有用，可以先回想清醒前梦里的画面。起床前，要尽可能详细地记录梦境，但要按照顺序去写。写的时候要用现在的时态，就像梦正在发生一样，也可以给梦境起个名字。在日记中写下自己最开始对梦境的解读，如对前一天发生的事情，在梦里面和梦醒后你分别是什么感受，主要人物是谁以及其他相关的事情。

·在解读梦境时，你要不停地问自己："这个梦让我想到了什么？"梦境的解读离不开联想。举个例子，如果蓝色是你梦里的主色调，那么蓝色对你来说意味着什么？蓝色可以代表天空、海洋或是昨天遇到的某个人的衣服颜色，也有可能是你的情绪。不要过度分析你的梦境，否则就会丧失好奇感。

·跟心理医生、梦里出现的人或学习小组分享你的梦境，可以帮你回想梦境、解读梦境。不过要记得，最终只有你能解读自己的梦境，其他人只能提供意见。解读到梦境的意义时，你会有所察觉，它会伴随着微妙的内在知觉，突然出现"啊哈""我懂了"的感觉等。

· 留意不断出现的主题、人物或画面，它们反映了你内心最深处的价值观和生活目标。接纳自己对梦境的各种解读，并定期回顾之前的梦境，甚至可以在梦境记录本上做一个关于梦境的索引。

· 梦里的人代表着你或者别人。先看看梦里的一切是不是身边的事物，尤其梦到正困扰着你的难相处的人。也就是说，梦境中的每个画面和人物都是你隐藏的一部分自我。问问自己，这个人想要或需要什么？从他的视角你能得到什么启发？如果你已经这么做了，请试想一下如果梦中出现的是另一个人，这个梦又有什么意义？

· 在没有梦中人到场的情况下，跟梦到的所有角色聊一聊，问问他们是谁、他们想要什么、他们象征着什么，以及他们为什么会这么做。通过这些与众不同的问题，你会发现答案让人惊喜。

· 如果梦里出现了积极向上、令人信服、引人入胜的角色，试着在自己的生活中应用起来。比如梦见了彩虹，那就买一幅关于彩虹的画，放在身边的某个地方。

分析梦境，能够让你更了解自己的棘手关系。千百年来，各种文化都用梦境作为手段，探索人生问题更深层的意义。

冥想的作用

冥想是一个伟大又崇高的概念，让人配得上圣洁。

——拉比哈伊姆·约瑟夫·戴维·阿祖莱

关于冥想的方法和理念有很多。我们可以坐着练习、站着练习、睁眼练习、闭眼练习，也可以纯粹为了健康而练习。不管哪一种冥想的练习方式，都有一些共同点。

第一，冥想让人平静。当脑海里充斥着各种混乱的想法时，冥想可以让人思绪平静。久而久之，我们的行为举止就会变得平静，生活也会变得更安宁。

第二，冥想教人专注。我们的思绪具有无法专注的倾向。冥想能够引导我们关注特定的东西，教会我们专注。

第三，冥想能把我们和身体、情绪和思维模式联系起来，把注意力从外界转移到内在，跟自己的内心越来越协调一致。

第四，冥想能帮我们体会内心的圣境。圣境并不存在于外界世界中，而是存在于人类的内心之中。

几千年来，几乎所有的宗教都有冥想这种练习。近年来，冥想才褪去神秘的宗教色彩，并被认为有很多医用价值。如果只是因为一些现实的理由练习冥想，就无法看到冥想有多么了不起。

借助冥想应对难相处的人，在实用性和精神上都有好处。在实用性上，冥想能够缓和我们面对难相处的人的情绪反应。当我们变得冷静后，我们就可以更理性地应对别人的招惹。另外，冥想让我们更加配合自己的身体应对难相处的人，也能更娴熟地了解自己目前的处境。

在精神层面上，当在人际交往中进退两难时，冥想能够带给我们答案。只有在心平气和时，我们才能听到内心深处安静微妙的声音，那个声音为我们指明了方向。冥想能够带我们抵达比困境更广大辽阔的地方，让我们学会从新的角度看待困境。

当你能够看到远处的风景时，此时的困境就变成了沧海一粟，冥想能让我们明白每一种生活经历都有意义。

用宽恕宣言治愈我们的伤痛

> 一个聪慧的人会很快宽恕别人，因为他懂得时间的
> 价值，不会让余生处在不必要的痛苦中。
>
> ——塞缪尔·约翰逊

安妮就职的公司总部在密尔沃基。公司决定提拔安妮，但是要调任巴尔的摩。她很难抉择，因为自己跟拉里交往了四个月，且两个人都 30 多岁了，双方希望能够结婚。安妮不想放弃这段恋情，但这次晋升机会，是安妮自大学开始就一直向往的机会。最后，安妮思考了一周时间，在跟拉里商讨过后，她接受了这个安排，开始尝试异地恋。

安妮搬走了。她很喜欢自己的新工作以及这座新城市，同时也很想念拉里。刚开始他们每周见一次面，慢慢地见面的次数少了，两人在感情上也生疏了很多。几个月后，拉里向安妮坦白，说他爱上了自己公司里的一名已婚女士。

拉里这种分手的方式让安妮觉得一切都完了。痛苦在她

内心深处萦绕，只有在她工作忙不过来时才不会想到这件事。尤其是在夜里，她感觉特别难熬。

在一天夜里，她很绝望，情绪特别低落。她不自觉地开始对着拉里的照片说话，表达自己的愤怒、失望以及要忘记自己被背叛的决心。结果她发现这样做很有效，自己痛苦的感受得以宣泄，她决定继续这样做。几周之后，她开始觉得轻松一些了，悲伤感也慢慢消散。那个时候，她明白了应该原谅拉里，并让自己放下这件事。于是她开始对着照片表达自己的原谅，每次说完之后，她都会觉得轻松一些。

安妮没有意识到这一点：她正在练习宽恕宣言中的肯定技巧。肯定是表达自己欲望的一种方法。前文提到过，有明确的治愈欲望非常重要，也探讨过用语言表达情绪的意义。安妮把两者结合起来，很快就从自己的强烈情绪中走了出来。

一旦察觉到自己有想要宽恕对方的想法时，安妮就从情绪层面走上了精神层面。

本章在最后的"探索"部分会提供一些建议，教你如何运用宽恕宣言修复关系。

通过确认自己想从一段关系中得到什么，我们就可以朝着目标努力。宽恕，能让我们治愈伤痛。

外在活动是内在工作的催化剂

我把乐趣从找到它的地方带走了。

——鲁迪亚德·吉卜林

这一章我们侧重探讨内在的治愈方法。内在的工作是治愈关系问题的基础，却常常被忽视。

不过，过度专注内在的工作会让人心事重重，并以自我为中心。外在活动可以适当平衡这一点。以下这些活动有利于解决这个问题。

· 我们已经遭受很多痛苦了，我们需要找到能够让我们快乐起来的事情。想想有哪些事，不管是一个人做的，还是和别人一起做的，能让你觉得快乐温暖就行。

· 告诉你的朋友们，你遇到了什么困难，请求他们对你施以援手。

· 花时间做点事情转移注意力，不要过于关注自己。帮助朋友、做志愿者都行，要知道助人为乐是一剂良药。

·参加讲座或课程，提升自己的学习能力。

·如果生活中你经常久坐，请尝试做一些体育运动。

·注意饮食，确保营养充足，但不要把食物当作情绪的安慰剂。

·尝试一些以前没有接触过的新事物。

·寻找一些表达情感归属的方法，深化自己的精神体验。

虽然内在工作对解决人际关系问题很重要，也需要适当的体育活动来保持平衡。

🔍 探　　索

别人是痛苦的来源

目的：了解对难相处的人抱有消极态度的好处和坏处，克服我们抵触解决问题的心理

以一个最让你厌烦和让你有很多负面情绪的人为例。在一张纸上画两列表，在表头处写上"好处""坏处"。

首先，列举这些情绪的好处，即这些负面情绪让你收获了什么。只有你能看到这张纸，所以一定要对自己绝对诚实。

举个例子，每当你吐槽这个人时，你都可以得到朋友们的同情；或者你觉得自己很优秀，因为你绝不会对别人做这样的事情。

写完好处之后，再继续写坏处。要注意的是，不是写这个人对你做了什么，而是写你有什么感受以及这些负面情绪给你带来了什么伤害。

比如，你夜里总想着这些问题，而导致失眠。或者你很想报复，但又不符合你的道德观，所以你很愧疚。

最后，问问自己是不是还想抓着这些消极情绪不放？是

好处多还是坏处多？如果好处多一些，你就想想是否还有其他方法也有同样的效果。如果生活中没有这种人际关系问题，你是否也能得到朋友们的同情？当你觉得自己没有别人优秀时，你的自我感觉是好还是坏？

失去了什么？

目的：看看在应对难相处的人时，你失去了什么，而这又有什么寓意？

第1步：确定一个特别难相处的人，看看能不能找到与他相遇后你失去了什么。如：

物质：金钱、住所、职业、健康、职业流动性、人身安全。

非物质：自由、骄傲、安全感、控制力、舒适、尊严、爱、归属感、信任、平静、自信、未来的梦想、相信世界公平的价值观。

第2步：报复是人们寻求平衡、弥补自己损失的一种方式。假想报复可以让你知道自己被夺走了什么，而想对别人做的事，恰恰告诉你失去了什么。只是要记住，你可以假想，千万别付诸行动。

第3步：确定你失去的东西后，请留意自己的感受。不要抵触自己的情绪，也不要逃避。闭上眼睛，与你的情绪共处，有意识地关注情绪，情绪就会消失。

第4步：现在，列一个清单，写下难相处的人让你失去了什么。比如，我的老板经常在同事面前批评我，让我没有自尊、失去了安全感。你可以在没人的地方大声读出自己的清单，这样就会感觉自己失去得更真实。

第 5 步：你在以前的生活中是否有过类似的感受？你觉得这些感受熟悉吗？如果熟悉，这些感受就是你的弱点，是你内心深处需要治愈的地方。

第 6 步：恭喜你做到了对自己诚实！要承认自己失去了什么并不容易，而且我们所受到的伤害很难愈合。

驾驭你的感受

目的： 培养与强烈情绪共处的能力，并以此控制情绪

下次再出现强烈的情绪时，你可以试着跟情绪共处，并有意识地感知情绪，接受它们的出现，而不要抵触，不要回避，也不要试着搞明白缘由。换句话说，除了感受情绪，什么也别做。

在情绪褪去之前，你一定要什么也不说、什么也不做。如果有人找你，你就告诉他自己很好，你想自己待一会儿。在心烦意乱时别人的关心与支持对你来说很重要，但这里是让你体会自己的感受，并让情绪自愈。不管你的感觉有多么强烈，你的情绪会自然地平息下来。

如果你觉得有效果，就将其想象成一匹野马，你就骑在上面。你要提醒自己，只要自己还骑在马上，情绪就伤害不到你。

一开始你肯定会从"马背上摔下来"很多次，可以的话就再次回到马背上。如果你想抵制或者逃避情绪，就返回去重新开始体会情绪。

当你感觉特别不舒服时，也不要逼迫自己忍耐这些感觉。重点是找到自己和情绪之间的舒适关系，既不会忽视压制情绪，也不会被情绪吞没。如果你的情绪过于强烈，就想象着和它们保持一定的距离，如它们就在马路对面或者别的城市，这样你依然能感受到情绪，但不会太强烈。

你可以试着闭上眼睛，让注意力停留在身体上。如果发现身体有不舒服的感觉，也别太慌张，这是好事。当你的注意力停留在身体知觉上时，你的情绪也会消褪得更快，这些知觉可能就是情绪创伤最初寄居的地方。

别忘了深呼吸！不舒服时，深呼吸也能帮助你缓解不适。

最后，经过练习，你会发现你可以更好地与你的情绪共处。不久情绪就会褪去、消散，时间自会消磨它们。

总之，你会明白，你只是拥有情绪，你并不等于情绪。

注意：如果你在做这个练习时，产生了舒服的感觉，并很难掌控自己的情绪，你可以寻求专业人士的帮助。

培养身体意识

目的：增强身体知觉的意识，并感受不同的情绪状态，感受与不同的人接触时的身体知觉我们可以闭着眼睛坐在椅子上进行。为了更好地练习，你可能需要找个朋友为你朗读指令，也可以把指令录下来播放。"闭眼"是非常重要的一环。

选择一种舒服的坐姿，闭上眼睛。【暂停 5~10 秒】专注于自己的呼吸，体会腹部的一起一落，感受空气经由你的嘴巴和鼻腔的进出。不要改变呼吸节奏，你只需感受呼吸就可以了。【暂停 15 秒】意识转到坐着的椅子上，感受你的背部贴在椅背上。双脚踩在地板上。意识进入身体内部，这里是你居住的地方，每天每时每刻。【暂停 15 秒】

现在，试着回忆一个很爱你的人。配偶、孩子、父母、祖父母或恋人都可以，只要让你感到是被爱的就行。让他 / 她进入你的意识。【暂停 15 秒】注意你想起这个人时，你的身体反应是什么？你感受到了什么？心里是否觉得轻松？头部是否变得舒展？胃里是不是感觉暖暖的？想到这个人时，你的身体的什么地方出现了变化，有哪些变化？【暂停 15 秒】为自己的这种体验起个名字。你会如何跟别人描述它呢？【暂停 10 秒】

现在，告别这个爱你，你也爱他 / 她的人，缓缓地让这个人从你的意识中消失，就这样静静地坐着。【暂停 15 秒】

现在，试着回忆跟你相处不来的某个人。这一次可能没那么舒服了。不管你出现了什么感受，都与之共存。虽然现在你感觉很不舒服，但请放心，这伤害不了你。【暂停15秒】想到这个人时，你的身体出现了什么反应？肩膀沉吗？胸口闷吗？胃里恶心吗？呼吸节奏变了吗？你发现了什么？【暂停10秒】为自己的这种体验起个名字。你会如何跟别人描述这种体验？【暂停10秒】

现在，让这个人从你的意识中消失，跟他说再见，然后静静地坐着。深呼吸几次，把你刚刚经历的压力呼出去。【暂停10秒】如果你准备好了，就睁开眼。

多数人会对这两种人有截然不同的反应。我们的身体一直在以这种方式对各种各样的人做出反应，只是我们很少发现这些细枝末节。我们会遇到各种各样的人，试着关注自己的身体信号，将其作为补充信息，而不是只靠眼睛看、耳朵听、脑袋想。

如果你对这两种人没有任何身体反应，这也是一条有用的信息，说明你为了自我保护而封闭了自己。给自己设防可以让你远离痛苦，但也剥夺了你感受快乐和幸福的能力。

现在你已经知道，对喜爱之人和讨厌之人，我们的身体反应会完全不同。请记住这一点，将来你在应对难相处的人时会用得上。下次别人再让你难过时，就在脑海里想想爱你的人，以抵消自己的消极情绪。

写日记

目的：发泄你的情绪，记录你解决关系问题的过程

写日记的传统由来已久，这种特殊的写作类型有很多目的。

（1）写日记是一种自我了解的方式。写日记的时候，你也是在发现未知的自己。

（2）日记可以让你抒发自己对难相处的人的感受，且没人打断和反对。你可以心烦意乱、可以诚实、可以滑稽、可以粗鄙，而不需要担心任何人的反应。

（3）日记可以展示你进步的过程。难相处的人可能不会改变，但你可以用日记记录下自己的变化。当你心情低落时，你可以回看日记，找到自我。

（4）日记可以充当一本难题编年史。如果你迫不得已需要走法律程序时，日记能够记录你的遭遇；如果你在工作中出现了什么问题，或者跟你的老板出现了法律纠纷，这份记录非常重要。

专门准备一个日记本或者活页本写日记，如果你是用电脑写日记，就新建一个单独的文件夹。你可以想写就写，你可以在每次遇到难相处的人时写，也可以每周都写，甚至只是在情绪上来时才写。

在写日记时，你可以假想有个读者或者自己就是读者。记得不要选让你觉得难相处的那个人，你这么做是为了自己，

而不是对方。在写日记时，不要让你的情绪带有任何评价和修饰，要让你的思绪自由流露。

写日记要保密，不要在公司的电脑上写日记，也不要随意告诉别人你在写日记。如果你是用文字处理软件，一定要记得对文档进行加密。我听过太多不愉快的故事，就是私密日记被公开导致的，所以我觉得有必要提醒一下。

三封治愈信

目的：把写信当成发泄情绪的出口

如果你的情绪能量被锁在你的体内，给伤害你的人写信，也是一种发泄方式。

这封信很简单，却很有用。如果你决定要写，千万记得别把信真的寄出去。这个练习只是让你发泄情绪，而不是为了跟难相处的人沟通。沟通交流也可以通过写信的方式，但那是另一种类型的信。

如果信已经写完了，你的情绪得以宣泄，自我感觉良好，就忍不住想要把信寄出去，这时一定要克制住这种冲动！下一章我们再探讨如何给难相处的人写信，做到有效沟通。

第一封信 给难相处的人写封信，把你心里想的都写下来，不要有所隐瞒。信的内容包括你怎么受的伤，你失去了什么，你的生活受到了怎样的影响，这是否影响了你的未来，你觉得这人怎么样……

如果你是用电脑来写这封信，随时想到新的内容就可以随时补充。你想写多久就写多久，如果你觉得自己的不快情绪会持续好几天，你就写好几天，且这封信你想写多长就写多长。

在写信的时候，要留意你的身体产生的变化。当你的情绪得到释放时，你的身体就会发生相应的变化。

尽量带着感情把信读出声，想象对方就坐在你对面的椅子上，他无法回应，却不得不听你一句一句地念出来，他不能打断也无法辩解。

写完这封信或者读完这封信后，如果你不再觉得情绪激动，这封信就算完成了。但请记住，千万不要寄出去！

真实案例：以前上大学时，我被我的女朋友甩了，我花一周的时间写了一封信，就像上面那样。我写完信之后感觉很舒服，信里写的全是不能当着她的面说出来的恶言恶语。我把这封信寄了出去，后果就是我们下一次见面是在十年以后。

第二封信 针对第一封信，假设你自己是那个让你为难的人，而第二封信的内容是关于你希望对方是如何回复你的。你想听到什么，对方要说些什么才会减轻你的痛苦，让你觉得舒服；对方有什么要承认的，你希望他怎么向你道歉，做出补偿……

同样，在写这封信的时候，也要注意自己的感觉和身体的变化。

你可能永远收不到这样的一封信，但把愿望说出来总会好受些。也许你仍然觉得很受伤，也许你仍然在为需求从未被满足而难过，但和你的悲伤共处会让你得到治愈。

第三封信 给对方写一封感谢信，感谢他/她曾经为你做过的善举。别人的恶行带给你的痛苦，往往会遮盖以前的美好回忆。比如，最近你的妈妈对你的配偶的态度让你很抓狂，但你的妈妈这么多年来为你付出了很多，你却没有表示任何感激和认可。

感谢这个人让你的精神成长，教会你有耐心和同理心，让你更能体会别人的痛苦，并让你挖掘自己的潜能。借助第4章的内容思考自己学会了什么，并判断这些困境让你出现了哪些好的变化。

如果你写不出感谢或者积极的话，就说明你的怒气仍未消褪，你需要再花点时间在前两封信上。

获得别人的祝福

目的：学会如何得到家人或朋友的祝福，并让他们帮助你解决自己的问题

请别人祝福你，也是一种获取精神支持的方式。

任何人都可以向别人送出祝福。如果你想要得到祝福，或者送出祝福，可以参考以下这些建议。

·送出祝福的人必须认真聆听，以确定被祝福之人需要

什么。也许有人需要用温和的方式去抵抗侮辱，也许有人在遭遇背叛后希望能够重新找回信任。

·送出祝福的人必须把别人的需求提升到精神层面。比如，我们也可以把对抗侮辱的能力看成，让别人认识到是他自己的理解限制了他的判断。

·送出祝福的人在为别人送祝福时，一定要内心宁静且充满爱。

·如果不介意，送出祝福的人要看着被祝福的人的眼睛，真诚地说出自己的祝福。

·祝福越简短越好。

·如果对方不介意，你可以在送出祝福时，用手抚摸对方的头。

用宽恕宣言治愈伤痛

目的：学会如何借助宽恕宣言解决人际关系问题

使用宽恕宣言可以参考以下建议：

·找一个焦点。有别人的照片最好，如果没有，就把这个人的名字写在一张白纸上。

·在重复宣言的时候，你需要看着照片或者写有这个人名字的纸张。

·尽管有点奇怪，你还是要对着照片或纸张大声地说出你想说的话。无声的宽恕宣言效果并不大，因为说出来才能释放情绪。

·表达你的痛苦。对着照片或纸张，告诉这个人你有多受伤、多难过。慢慢地说，但不要说个不停。

·接下来，说一说你想从这个人或这段关系中得到什么。是想要被尊重，想要修补一段失去的友情，还是想要无忧无虑地相处？

·如果可以的话，请表达你的宽恕。对着照片或纸张，告诉他你原谅他了。

·只要这个人带给你的感受一直没有消褪，你就可以一直做这个练习。

你需要接受这个练习中出现的各种强烈情绪。按照前面所述（本章"驾驭你的感受"中），感受你的情绪，再把注意力转移到身体上。如果你的感觉太过强烈，你就用深呼吸来缓解。如果不久之后你的情绪有所缓和，就说明这个练习正在发挥作用。

第 6 章

如何与难相处的人"零距离"沟通

我们自己的反应是治愈最大的阻碍

> 最好的情况是，修复破裂的关系是一件令人紧张的事情。
>
> ——亨利·布鲁克斯·亚当斯

通常，一想到要和难相处的人面对面沟通，我们就会觉得不自在。雅各逃避了 20 年，才跟哥哥进行了一次面谈。避免当面交流是我们应对不自在的普遍做法，但这样只会让问题一拖再拖。

有一位女士，刚刚做完一次大手术，她来到我的研讨班，对我说她的好几个朋友都让她很失望。不管是手术前还是手术后，在她最想要支持、需要支持的时候，他们从未给过。她在学习小组中说自己试着用写信的方式倾吐苦水，这样做能抒发情绪，效果也确实不错，但她无法亲口说出自己写了什么。我问她为什么，她也说不清楚。

面对让自己难过的人，就算心里五味杂陈，我们也不愿意说出自己的想法。如果非要找个理由，可能是因为我们不想伤害他们的感情。其实，还有一个不为人知的原因，那就是我们更害怕自己的感受，而不是他们听到我们的感受后的反应。我们拒绝说出口是因为害怕在交谈中出现某些情绪——某些让我们不自在的情绪。

如果我们拒绝与某人交流，一定是因为我们害怕某种预期的反应。我们担心自己说的话会让别人感觉不好、难过、生气，甚至怒斥或者讨厌我们，这才是我们害怕的事情，所以我们干脆选择不去讨论。

我们完全可以跟任何人说任何话。唯一能阻止我们的是我们自己不愿意遭受某种情绪。别人的反应不是最大的障碍，我们自己的反应才是。

合理地表达自己的诉求

我对朋友生怒：

我说出口，愤怒消失。

我对宿敌生怒：

我没说出口，愤怒滋长。

——威廉·布莱克

没有面对面跟难相处的人沟通问题，通常会出现以下几种后果。最明显的后果就是问题会持续恶化，不会好转。我们也会陷入不悦情绪之中，很难走出来，而且，我们还会被沮丧包围，无法把精力投入能产生成效的事情上。

这种情况下，大家通常会把问题讲出来，但不是跟引发问题的人。我的一个大学室友跟谁都会报怨我不洗碗碟，在夜里看电视，但他就是不跟我说。这些都是我从别人那里听来的。跟无关人员吐槽，确实能让我们感觉好些，但永远无法解决问题。

把话说出来有很多好处。首先，你敢为自己而战，同时也是在表达自己的重要性、感受及需要被倾听的需求。陈述自己的合理愿望，可以让你的自我感觉更好。

把话说出来也能让别人知道更多信息。如果你不说出来，可能对方就不会知道你的感受。以前我在某非营利机构做志愿者，和另一个人一起负责一个很重要的项目，他做得很少，而且完全不知道我付出了多少。我很气愤，但依然找了一堆借口告诉自己不要说出来。他从来不知道这些，事情也从未解决过。

通常来说，只有双方一起讨论，问题才能得到解决。如果双方互相分享自己的看法、感受和目标，才有可能出现新的解决办法。

无论何时，只要尽可能，我们都需要跟引发问题的人面对面地沟通。

与难相处的人沟通的四种目标

> 自己还未了解自己之前，就要求别人了解我们，是
> 不对的。
>
> ——西蒙娜·薇伊

如果你知道自己想要什么，就可以提升自己和难相处的人沟通的成功率。这说起来很简单，但多数时候人们在沟通前都没有明确的目标。我们很少意识到，在跟难相处的人沟通时，我们会有四种目标：物质目标、关系目标、情感目标和程序目标。

第一种目标是物质目标，它是具体的、看得见的，大多数沟通以此为主。比如邻居家养了一条狗，每天晚上它都狂吠不止，影响了你的休息。你试着跟邻居沟通过几次，却发现他对你的报怨无动于衷。你的目标很明确：让那条狗停止狂吠。在跟邻居沟通时，这也是你的主题。这里所说的目标就是看到物质世界的具体变化，即本案例中狗的行为的变化。

第二种目标是关系目标，它没有物质目标那么明显，它是关于双方关系的性质的，很少被提及，甚至压根不提。我们当然想确认和难相处的人的关系，比如明确权利、确定亲疏和界定权利。具体来说，大部分人想和邻居关系融洽、相互尊重，但有些邻居却想要独来独往，不愿与人接触。

相比前两种目标，第三种目标更不起眼。情感目标是指我们的情绪目标，尤其是自尊。这里所说的目标是指我们希望维持正面的形象，能够管理羞愧感和自豪感。如果我们的自我形象受到了威胁，让我们觉得受到了侮辱、被忽略和被排挤，我们就会保护自己。在上面所说的不配合的邻居案例中，我们还需要克服愿望被无视的不适感。我们的投诉没有受到重视，所以我们努力把这件事引起的自卑和无力感降至最低。我们的目标是避免体验某种负面情绪，而努力体验正面情绪。

第四种目标是解决困难涉及的程序问题，即程度目标。我们还会关心问题是如何解决的，花了多长时间。有的问题需要面对面讨论，有的问题需要书面交流，而有的问题需要第三方干预或采取法律行动，甚至报警。回到上面所说的那个不配合的邻居的案例上来，我们首先会选择坐下来面谈，但邻居的反应可能需要执法人员上门协调，甚至法院的传唤。

有时候，过于关注某一种目标，就不会发现其他目标正在暗中运作。在讨人嫌的邻居面前，我们可能会沉溺于不让他的狗叫，而忘记了其他不起眼的目标也很重要。我们也想界定关系（关系目标），消除被忽视的感觉（情感目标），避免法律行动（程序目标）。

尽管我们清楚这四种目标，但是难相处的人却不知道我们的意图所在，就算我们实现了既定目标，我们也不会满意，也不理解其中的缘由。在遇到难相处的人时，这种情况时有发生。物质目标显而易见，位于最前列，其他三种目标则躲在隐蔽之处，或者，我们根本就意识不到它们的存在；但它们依然在发挥作用，当这些目标没有实现时，我们就会感觉不完整。

如果不确定自己想从和难相处的人的沟通中得到什么，你很有可能实现不了自己的愿望。

学会控制自己，而不是控制别人

> 通常，我们对未经证实的结果事先所抱的信念，是让该结果成为现实的唯一因素。
>
> ——威廉姆·詹姆斯

当我们向另一个人表明自己的愿望时，我们通常会面临一个问题：无法保证自己的愿望能实现。提出请求能够增加我们实现愿望的机会，但这并不意味着你一定会这么做。

在跟难相处的人相处时，任何一种旨在改善关系的沟通都无法保证会出现一个确定的结果。别人会做出怎样的反应我们无从得知，也就是说我们只能尽全力准备且满怀希望，但是结果如何就只能听天由命，因为我们不一定能实现预期的目标。

我们可以准备数天时间。我们可以按照第 5 章中的内容进行内心的治愈，练习人际交往技巧，学习谈判策略，还可以在脑海中提醒自己要实现什么目标，但最后，我们依然不知道会发生什么。

在和难相处的人相处时，我们只能控制自己的行为，而无法控制对方，也无法掌控事情的走向。

做一些从未做过的事

> 不愿意用新药的人，必然会得新病，因为时间是最
> 伟大的创新者。
>
> ——弗朗西斯·培根

或许你陷入困境中已经有一阵子了，而问题依然存在，这时你不如试着做一些从未做过的事情，但要有创意。如果有效，事情就会有进展；如果无效，你也会觉得自己与之前不同，因为你尝试过新的事物，学会了一些对你未来有用的东西。

一旦你花时间完成了目标，确定自己想从中得到什么东西，就可以自问以下问题：

·有没有其他更有创意的方式来实现目标？

·这个难相处的人会如何回应我的每种方式？他／她会有何感受？

·我对每种选择会做何反应？它们又会让我有什么样的

感受？

· 如果对方没有按照我期望的方式做出反应，我应该怎么做？

有创意是指卸下别人的戒备，又不会伤害对方，或者不让事情变得更糟。假如你试着跟工作中难相处的人沟通却没有成效，不如试着发个传真给他，以便引起他的注意，或者就这个问题写一首打油诗。如果你的邻居脾气不好，人又不友善，你就带一些自制的曲奇饼干去拜访她，然后表现得你俩仿佛是多年老友一样。如果你的岳母让你感觉压力很大，你就送她一张她从未去过的按摩店的消费卡。

做一些出乎意料的事，会帮你找到解决问题的突破口。

尊重你的敌人

> 尊重另一个人，不是因为他的对错，而是因为他也是一个人。
>
> ——约翰·科格利

尊重是给值得尊重的人的。尊重难相处的人，你可能会觉得不可思议，感觉别扭又奇怪。

但要从精神层面解决你的问题，尊重对手是唯一的选择。你可能很讨厌对方，也有可能他所做的事让你怒不可遏，还有可能他的三观你不敢苟同，但你我皆生而为人，所以难相处的人跟你一样平等。

实际上，尊重对手不无道理。每个人都有傲气，不愿别人说自己愚笨、有错、不讲理、不成熟、没文化、自大、轻率……如果我们不尊重别人，对方就能察觉出来，不管我们是有意为之，还是无意为之。

你也会发现多数时候，难相处的人并没有意识到自己招人烦。他们像我们一样希望得到别人的尊重，因为他们真的不知道自己的所作所为对别人有何影响。

换位思考一下，你选择某种方式对待某个人，是因为你觉得这样做合情合理。当你没有意识到自己的所作所为会对别人产生什么影响时，自然不会觉得自己是个难相处的人，虽然别人觉得你难相处。如果在对方心情不好时，即使你不知情，你也不喜欢他对你爱搭不理的。

尊重别人可以避免人际关系问题恶化。没有人会一直把气撒在体谅自己的人身上。因为怀疑和不信任，真相会被问题掩盖，而尊重可以让真相浮现。

尊重并不等于认同对方的观点和做法，也不等于纵容他的所作所为，更不等于不喜欢他却非要装作喜欢。尊重的意思是众生平等，在同样情况下，你希望得到怎样的礼遇，别人也理应得到。

尊重难相处的人，是治愈和解的重要一步。

认真倾听对方的心声

先理解别人，才能被别人理解。

——史蒂芬·柯维

我们在第 3 章中探讨过人为什么难相处。了解难相处的人的行为可以减轻我们的痛苦，但现在既然我们需要和对方谈一谈了，我们首先要考虑的是达成目标，而不是让我们感觉舒服。

难相处的人做的事对谁都没有意义，但对他们自己却有意义。在他们眼中，这些事情满足了他们的某种需求，或保护自己不受某种情绪影响。要实现我们的目标，我们必须进入他们的内心，并理解他们。有一种很简单也很管用的方法可以实现这一目标，那就是倾听。

这里所说的倾听，跟我们所惯用的倾听有所不同。通常，我们都听得心不在焉，总是走神，想着接下来自己要说什么，或者忙着对所听的内容给出自己的看法。别人说话的速度没有我们想得快，这让我们看着像是在全神贯注地听，但其实没有。

想要真正了解一个人，就要认真地倾听他的讲话。倾听是尊重别人的外在表现形式。倾听时要注意以下事项：

·如果你表现得愿意听取对方的意见，表现得理解对方，对方也会尊重你，愿意聆听你的讲话。要达成自己的目标，首先要学会倾听别人的讲话。

·刚刚说过，所有人都希望得到尊重。在别人讲话的时候，我们一定要克制去评价或批判对方的讲话的欲望，并注意自己的肢体动作。

·别人说出来的话只是事情的一部分，他们的言语之中还有很多未说出口的需求和感受。我们在倾听时，要仔细揣摩对方没有说出口的话，从而找到真相。

·要表明我们理解对方，可以重复他刚刚说过的内容。你可以这样说："我觉得你刚刚说的……""你是说……""你看我理解得对不对，你刚刚说……""你看我有没有听错，你跟我说……"

·再高级一点，你在表达理解时，还可以运用逻辑推理下一步："如果你这么想，那是不是要……""你是说我们应该……""如果你的立场是这样的，那么……""如果要那样做的话，是不是会……"注意不要用这些表达转移话题，或者显示你比对方聪明。

·当然，还可以温和地表达你怎么体谅他的感受。你不妨试试这样说："如果是我，我肯定气炸了。""我觉得你肯定很难过。""如果我是你，我无法想象我会怎样。""我敢说，你肯定不好受。""我觉得那个时候你肯定特别希望有人帮你一把。"注意不要逼迫别人说他还没准备说出来的感受，同时，如果对方没有某种感受，你也不要非说对方有。

·你要表现出对对方说的话感兴趣，而不是对人感兴趣的态度。你可以这样说："再多说说……""那是什么样的？""我不知道我理解对了没有……""后来呢，怎么样了？"

·用肢体动作表达自己感兴趣。肢体动作可以证明你是否真的感兴趣，如眼神交流、点头、"嗯""啊！？"之类的动作和语言。你要坐直，不要动来动去，更不要频频看表。

·除非你真的理解对方的看法，否则倾听就不算结束。当你感觉对方说的话里包含的真实成分时，就说明你确实在认真地倾听了。这并不代表你已被对方说服，也不代表你看到了对方的另一面，更不代表你同意他的观点。他只是得到了你的尊重，因为你曾经觉得不可理喻的事情，现在好像变得可以理解了。

在让别人认真听取你的意见前，你需要先表现出自己真心实意地想要理解对方的感觉的态度。

诚实的感觉真好！

如果人人都能对别人坦诚相待，千百年来世界上的悲伤就会少很多。

——塞缪尔·巴特勒

如果真如我们所说，和难相处的人面对面交流的首要障碍，是我们不愿面对自己的感受，那么第二大障碍就是不知道怎么讲话。很多来我的研讨班的人，都希望有现成的剧本可以带回家，然后背下来、照着说。如果他们知道怎么巧妙地对答或回应，并且能够做出合适的评价，事情就好办多了。

或许是这么多年来从电视上学到了这些方法，电视上那些伶牙俐齿的演员们按照事先写好的剧本，滔滔不绝地讲出那些机智的台词。看着他们说着恰如其分的话，半小时就解决一个问题，我们就以为自己也能做到。

没有哪本书、哪个研讨班或哪位心理医生，能够教我们怎么讲话。每个人都有见什么人说什么话的能力，不需要别人帮忙。我们只需要尊重别人、认真倾听对方的讲话，并真心实意地说出自己的心里话。

第 5 章中关于内在治愈的内容就是为此而准备的。

威尔在某重要社区组织中担任顾问团成员。在工作了 5 年后，他发现本年度最新的宣传手册上没有自己的名字，于是他打电话给执行董事，请她看看是不是漏掉了。她回答说，几个月以前威尔就被该顾问团除名了，她一直不知道应该怎么告诉他。

威尔一下子怒火中烧。要么保持沉默，要么在电话里厉声质问，最后他已经变得不想继续这次谈话了，因为他害怕会说出什么让自己后悔的话。最后，威尔给执行董事写了一封信，在信中他表达了自己兢兢业业那么久，却遭到如此对待，很是失望的感受。他知道自己为什么被除名——他不支持执行董事想推进的一个新企划，执行董事就建议顾问团把他除名。但明明可以有更多合适的、尊重别人的方式来处理这件事。

几个月后，威尔以为自己忘记了这件事，直到有一次逛街时偶然遇见了执行董事，威尔的愤怒又出现了。他问对方能否聊一下。值得表扬的是，她答应了，虽然有所戒备，也可以理解。两个人在附近的一家咖啡店坐了下来。

是威尔先开的口，他说自己对这件事依然耿耿于怀，他不想让这种感觉再延续下去，想做个彻底了结。最开始的 15 分钟，她冷冰冰地重复着官方说辞，不断地说一些无关痛痒的话，就像她在回信中所说的那样，却一次也没有承认两个人都心知肚明的事情。聊了半天也毫无进展，威尔准备买单离开，他说道："你知道吗，以前工作时我们关系还不错，但很遗憾，现在是这样的结局。"

让他意外又尴尬的是，她突然哭了起来。在她恢复冷静后，她开玩笑般地恭喜威尔是第一个看见她为工作而哭的人。威尔则表示自己不是故意的。

此时，那个真正的她显露出来了。他们接着开诚布公地聊了聊，彻底解决了彼此的隔阂。几天以后，威尔收到了她的感谢信。

回过头来看，这件事中最让威尔震惊的是，他根本不知道自己在干什么。那次谈话本来并不在他的计划之内，他也完全没有想好自己要说什么。威尔只是自然而然地把当时的感受说了出来。他的真诚，在某种程度上让两个人都打破了对方的防线。

跟难相处的人沟通时，你不需要明确知道自己要说什么，而只需真诚地说出自己的感受。

关注事物积极的一面

噢，上帝，求你赐我生命，让我的心充满感恩！

——威廉·莎士比亚

（《亨利六世：第2部》）

只有少数的人会一直难相处下去。多数时候，人们只是偶尔让我们感觉难相处，其他时候他们对我们的影响是中性的，甚至是积极的。生命中的每个难相处的人都跟我们有渊源，有的渊源很短，有的则可以追溯到我们刚出生时。

我们的记忆常常出现偏差。如果有人惹到我们，我们就会被当时的情绪控制，忘记共同拥有的美好经历。最让我们觉得受伤的人，往往是在过去为我们付出最多，却没有收到我们的认可和感激的人。人们过于在意别人所做的坏事，而忘记关注他们所做的好事。

格雷格·克雷奇是一名组织管理心理学专家，他对我讲了一个关于他的学生的故事。那名学生有一天要加班到很晚，没有办法在18:00赶到公司的停车场，而停车场会准时关门。像往常一样，那一天保安已经准时关门并准备下班了。而她在18:20才到达停车场，结果发现门已经锁上了。保安还没有离开，但他拒绝开门，说规定不允许。她最终找到了能命令保安开门的人才把车开了出来。对此，她很生气。

她跟她的老师讲了这件事，但她的老师鼓励她给保安买份礼物，这让她十分不解。那晚保安不配合她完全没错，但自从她在那里工作以来，保安就一直在兢兢业业地照看她的车。她只关注这一件事，却忘记了之前享受的服务，且从来没有表达过感谢。

感恩和难相处的人相处有何关系？在遇到这种情况时，我们要想到两个人的整个渊源。牢记这个人过去对我们的好，可以让我们的内心变得柔和。如果我们能够在表达自己的不满的同时，再表达一下自己的感激之情，就可以软化对方的心。

准备跟难相处的人交流时，要在心里回忆一下他过去为我们所做的好事，而不要过于在意坏事。这也是体现尊重的方式。

不要被别人的行为影响

> 检验一个男人或女人教养的方法是看他 / 她在争吵中的表现。
>
> ——乔治·伯纳德·萧

一个人在和朋友散步的时候，到街角的报摊买了一份报纸。这个报摊的老板脾气暴躁，但这位买报纸的人却非常礼貌，热情友好。他的朋友很惊讶，问他："报摊老板这么过分，你为什么还这么客气？"这个男人回答道："我为什么要让他的行为影响我呢？"

有的人故意表现得没礼貌、招人烦、爱惹事和粗鲁，因为这样对他们有用。这样做可以让别人怕他，或者得到他想要的东西，但他们似乎没有发现，也不在乎自己的行为会让别人疏远自己。不过我们有办法应对他们。

有件事我记得特别清楚。在我刚开始当老师时，有一名学生来到我的办公室，向我报怨考试分数。我向他解释了评分标准，以及他的分数是怎么来的，但他并不服气，继续跟我争论，不停地说些苍白无力的理由，而且声音越来越大，想以此逼迫我投降。我冷静自若地回答："你这一套对你父母来说肯定有用，但如果你想让我改变主意，最好换别的方法，因为它在我这里没用。"他被我的直白吓到了，只好作罢。

我们不用按照别人希望的方式去回应他们，也不要因为别人不友善就变得暴躁不安。我们可以选择采用何种方式回应对方，而不是本能地做出某种反应。当孩子们说"是他让我这么做的"时，就表明他们是在撇清自己的责任。然而，身为成年人，我们必须对自己所做的一切负责，也要控制自己不受别人影响。

不要让难相处的人把你拉到跟他们一样的高度，你应该做出自己的选择。

如何获得别人的尊重

没有经过你的同意，则没有人能让你自卑。

——埃莉诺·罗斯福

为了解决与难相处的人之间的问题，尊重对方很重要，但这绝不是说你就可以因此而不善待自己。谁都没有权利不善待你或不尊重你。

欺负的形式有很多种，如突然发怒、压迫、辱骂、忽视你的感受、取笑你、转移话题、责备、无视你的观点和感受、命令你、失信于你、否认问题存在或拒绝沟通，这些都是难相处的人不尊重你的表现。

我们完全没必要忍受别人的恶劣对待。但我们都知道，让别人停止这种恶习，绝非易事。通常，提高自尊是第一步，最终你会明白，自己值得被善待，但也要善待别人。

生气和虐待完全不一样。当一个人生气时，他有权利让你知道，但是他没有权利为发泄情绪而不善待你。

如果对方不善待你，你可以试试下面的方法：

· 默默地给自己打气，对自己重复以下的话："这不是我的问题，是他们的。""我只听对的，其他的不理会。""我有权坚持自己的想法和感受。""我可以静静地等待事情结束。"

· 想象身后有一个看不见的人在支持你，他可以是帮你渡过难关所需的具备某种品质的人。试试列举一些电影明星、历史角色或神话人物，任何遇到和你一样的情况都不会忍受的人。

· 使用无声的幽默。你可以在脑海中想象这个人脸上沾满了果馅，或者踩到香蕉皮摔了一跤，又或者有一桶水正浇在他的头上的画面。

· 语气坚定地告诉对方，他的某些行为你绝对无法接受。你当然有权利设定底线，表明自己不愿体验的事情。

· 在被人欺负时，你可以明确地告诉对方："你如果这样跟我说话，我是不会听下去的。""我不喜欢你这样对我。""冷静，我都无法专心听你在说什么了。""我明白你很生气，但不代表你就可以这样对我。"

· 不断重复地喊"停！""等等！""打住！"，直到能够影响对方，会有那一刻的。

· 没有被善待的时候就指出来。你可以这样说："这感觉像是一种侮辱，你确定你想这样做？""你那么说我觉得很受伤，如果你再说一次，我们的谈话就到此为止。""我觉得你在敷衍我。""请用礼貌的语气再说一遍。""我觉得你并没有在听我说话。""我不觉得有什么好笑的。""说这些话并不能改善目前的情况。""如果你还恶语相向，那我就先行离开。"

·记住，你不是卷入某个一无是处的争论，或者某场不会赢的吵架比赛。如前所述，你自己也应该避免这样对待别人。

·如果你警告过对方停止这样做，但他依然不依不饶，那你就走开或暂时离开。

尊重是双向的。尊重别人能帮你解决问题，但你必须让别人以相同的方式对待你。

当心身边的危险人物

嘿，在外要小心。

——电视剧《希尔街的布鲁斯》中

做每日简报时给警察的建议

要解决和难相处的人之间的问题，一定要考虑安全问题。不公对待让人不悦、伤人自尊，但通常对人身安全无害。但有些难相处的人很危险，找他们沟通问题并不明智。如果对方之前出现过暴力行为或有暴力倾向，或者现在有可能出现身体冲突的状况，你应该避免与其对决，并立刻离开，或者找第三方陪同。

有的人可能当时并不危险，但与之沟通可能会为日后埋下危险的伏笔。如果对方报复心很强，权力又在你之上，在跟他沟通之前你一定要三思，除非你有自己的救兵；如果非要解决问题，他可能会让你的生活更痛苦，因为你威胁到了他的权威和自尊。这样一来，采取法律途径可能是你唯一的救助方式。

　　你要小心的另一种人是冷酷无情的人。有些人为了逃脱惩罚，什么事情都做得出来，一旦他们觉得对方处于弱势状态，就会从对方手中抢走自己想要的一切。不幸的是，这种人通常能够发现不同的人身上的弱点。当有人想要理性地跟这种人谈判，或者想要和平地与之讨论问题时，这种人就会把他当成容易攻击的目标。

　　有些难相处的人，跟他们面对面沟通可能是一种不明智的选择。

应对批评的正确方式

> 我一点也不讨厌批评，即使，为了强调有时候会脱离现实。
>
> ——温斯顿·丘吉尔

我有一位朋友，她有个优点我希望自己也有，那就是她不会受批评的干扰。她的想法简单而明智：如果批评是对的，她就认真听取意见，然后改进；如果批评是错的，她就忽略不听，只当批评者自己有问题。

很少有人能做到这样。当我们被人批评时，我们总会心情失落，并且充满防御性。为什么会这样呢？

批评之所以伤人，是因为它揭露了我们一直不愿意承认、令我们不悦的真相。也就是说，我们一直想隐藏的缺点，被发现了。

如果批评是完全错误的，则我们不需要理会。比如，有人说我们懒惰，但我们自知并非如此，那么这种批评就不会对我们有影响。如果有人说我们花钱无度，而事实的确如此，我们就会很难为情（或骄傲）地承认。别人指出的我们的缺点，是我们实际上有但却希望没有的缺点，这种痛苦让人左右为难。

里克·布林克曼和里克·克斯讷在一本讨论难相处的人的书中提到，要对批评我们的人心存感激。如果批评者在批评别人时没有被批评者反驳，他们可能就会停下来，这时被批评者只需要简单地回答一句："谢谢你的坦诚。""谢谢你让我知道你的感受。"如果被批评者想继续听下去，则可以请求对方继续说下去。

批评可能会伤人，但它也能够提供一些信息，让我们更好地了解自己。

问题可能是自己无意中造成的

没有人能聪明到知道自己都做了什么坏事。

——拉·罗什富科

我的朋友莫林是一名募捐者，她热爱自己的本职工作，也得到了很多人的认可，直到她的上司换成了特里西亚。特里西亚上任并不是因为她有能力，而是因为她有关系。莫林的能力并不亚于特里西亚，而特里西亚总让莫林做一些可能会有损潜在募捐的事情，莫林越来越讨厌她。

很快，特里西亚也开始有意无意地暗示自己不满意莫林的工作表现。莫林也从熟人那里知道，特里西亚甚至和人力资源部门谈论过想要开除她的事。

我在莫林上班的时候找到了她，想和她聊聊这件事，她让我以为错都在特里西亚。但当我看到莫林路过特里西亚办公室，她对着门露出一副轻蔑的神色时，那一刻我找到了她们之间的问题背后的原因：莫林对待特里西亚的态度，就跟特里西亚对待莫林的态度一样，她们都有责任。莫林对特里西亚的不尊重，明眼人都看得出来。

有时候，如果一个人一直在刁难我们，一定是因为我们让对方觉得我们不好相处。我们的态度和举止，不管是有意的，还是无意的，都能让别人表现得更难相处。

莫林的上司确实没有能力，但莫林用非语言方式表现出来的不尊重，让两人的关系恶化了。这进一步刺激了特里西亚，她本来就担心新工作会面临各种超过她能力的挑战。莫林本可以调整对特里西亚的态度，帮助新上司快速上手工作，进而巩固双方的关系，而不是像现在这样让关系变得更糟。

问题的关键在于我们如何应对难相处的人。对于不公正的对待，我们很容易表现得消极，但消极处世只会事与愿违，加剧问题的严重程度，只有积极地应对才有助于解决问题。

出现问题时，不妨问问你自己，是不是你做的哪件事让问题变得更糟了。

别让问题一直存在

> 语言艺术不仅是在适当的场合说得体的话，而且是在诱人的时刻不说错话。
>
> ——桃乐茜·内维尔

如果问题已经持续了一段时间，双方对此却只字未提，再次提起这个问题就会有一定的难度，而沟通就会变得更加困难。发起这样一种可怕的谈话要考虑以下几个方面：

首先，多数时候最好如实地表达自己当时的感受。你可以试着这样说："一直都想跟你聊聊我们之间的问题，但总觉得很难开口。你能跟我谈谈吗？"这么说你只需描述出自己的感受和愿望。

其次，避免责备，就算明知是对方的错。你一开口就用责备的语气，只会让对方有所防备。你可以这样说："我们之间的问题已经存在很久了，我希望你能跟我见面谈一谈。"这样就不会让对方产生被责备的感觉。

再次，不要责备自己，除非真是你的错，而且你就是那个现在想有所弥补的难相处的人。如果一开始你就把责任揽过去，你就会处于弱势被动的状态，影响你向对方表达自己的感受和想法。除非有必要，否则责备自己就会削减自己想要的沟通效果。

最后，继续诚实地表达你的感受，这会让你更有人情味。如果你感觉紧张，你就说自己紧张；如果对方愿意跟你沟通让你很高兴，你就如实地表达出来。坦言自己的感受可以让气氛更亲切，更轻松。

主动跟难相处的人沟通可能会让你觉得尴尬，但总比不沟通要好。

准确描述自己的情绪

> 当真理被恶意利用时，比一切臆造的谎言更狰狞。
>
> ——威廉·布莱克

我觉得我有这样一个品质，那就是能看到别人看不到的东西。这既是优点也是缺点，因为跟别人分享自己的看法时，会令别人难堪。如果人们听到我的想法后无法接受，我们之间就会出现问题。真相并不总是受欢迎，我也并不总是个聪明的观察者。

每次在评论某个人时，我们都是在冒险，这也让真相变得不受欢迎。如果我说你太自我，或者不守信用，我说的可能是事实，但这个事实并非你想听到的，你很有可能会因此产生戒备心理，不愿意听我以后说的任何话。你会觉得，我在责备你做错了事，而你觉得自己并没有错。

正如心理学家丹尼尔·怀尔所说，说话时用以"你"为主的陈述句，不管对不对，都带有指责的意味。因为它们太过主观，很容易引起争论。

相反，用以"我"为主的陈述句，则只是在表达自己的感受。如果我是你的配偶，你没有跟我商量就换工作，我不会说你太自我，而是会说我觉得自己被你忽视了，被排挤出了你的生活。或许，我可能会说上礼拜你答应找我玩儿但你忘记了，我不会责备你不守信用，而是会说我很生气。在这两个例子中，我只是在陈述自己的真实感受，而没有责备你，我所说的都是无可争辩的事实。

看到之前以"你"为主的陈述句是如何没有用以"我"为主的陈述句能更好地解决问题了吧。实际上，每一个以"你"为主的陈述句都是在泛泛地表达，而以"我"为主的陈述句则是相应的具体表达。当你想要指责别人时，你通常都暗含着一种感受，你完全可以这样表达："当你做 _____ 时，我觉得 _____ 。"

在跟难相处的人沟通时，这些都揭示了一个简单的小道理。不要用以"你"为主语的句式来阐述自己眼中的事实，而应坚持用以"我"为主语的句式来描述自己对别人行为的感觉。

为营造良好的谈话氛围，应该避免责备对方，只描述自己的感受。

别太严肃！

幽默让人醒悟，让人宽容。

——阿格尼丝·瑞普利

大学刚毕业时，我20岁出头，正是傲慢自大的时候。当时我在一家电信公司工作，那时这家公司刚起步（现在已经是行业巨头），老板兰尼是个工作狂，为了让销售团队完成每周既定的销售额，他时常会声音严厉地下达命令，然后夸张地大口大口喝咖啡。

有一天下午，他大吼着对我发号施令，我低头哈腰，奉上了一个大幅度的手臂姿势，同时说道："遵命，大人。"

幸运的是，他比较有幽默感。我们都被各自的无厘头逗笑了，而他也变得更理智了，至少接下来的时间是这样的。

我在读研的时候，跟一个教授的关系不好，可我又必须与之好好相处。我并不害怕被我激怒的人，所以我在他上班的时间直接去了他的办公室。他很惊讶我这么"勇猛"，然后我说："我好像在你的破名单上，我要怎么做才能下来？"他更是愣住了。过了一会儿，他扬起眉毛，笑了笑说："好吧，这其实不是破名单，而是屁名单。"我们的问题就这样解决了。我的方法的确有点粗鲁，但是很管用。

在恰当的时间说出一句恰当的话，再加上恰到好处的幽默感，能够驱除所有的不悦。在严肃的场合，幽默能够带来一丝轻松愉悦，就像是在小黑屋里开了一盏灯一样。

在跟难相处的人沟通时，我们的语气可能是严肃、沉重和痛苦的，但是只需小小的、无伤大雅的幽默，就能够活跃气氛，为沟通注入活力。

在每一种情况中，都可以有幽默的存在，找到它并恰到好处地运用，就能改善棘手的人际关系。

写信的注意事项

> 为什么有时候你会觉得信里的人比面对面见到的更真实？
>
> ——安妮·莫罗·林德伯格

我认识很多人，比起见面交流，他们更喜欢用写信的方式进行沟通。下面的两个故事会告诉你写信沟通会发生什么。

亚历克斯在现在的公寓住了近 5 年，这是他第一次拖欠房租，且已经好几个礼拜了。他收到了房东太太的一封信，在信里，房东太太不仅催交房租，还诋毁了他的人品。对于自己的人格被攻击，亚历克斯很生气，就去找房东太太对质。她回答说，每当别人惹自己生气的时候，她就会给对方写信，这是她的做事风格。亚历克斯说她这样做不利于解决问题，还会让收信的人感觉很受伤。

克雷格是一位产品设计师，他已经 40 多岁了。有一天，当他打开信箱时，发现里面有一封信，是小他两岁的弟弟布拉德寄来的。这封信足足有 12 页，全部是手写的，连空行都没有。很显然，布拉德在他们的问题上花了不少的时间，他细致入微地罗列了 4 岁时克雷格伤害他的所有事情，有很多事情克雷格都不记得了。克雷格觉得这很可怕，也不知道如何回信。他奇怪弟弟怎么会突然以这种方式发泄自己压抑许久的愤怒。

在前一章中，我们探讨过写信有治愈情绪创伤的作用，也强调过用写信沟通问题跟用写信治愈情绪创伤不一样，需要使用不同的方式。那么，什么时候适合写信呢？信要怎么写呢？

对于不善言辞的人来说，写信是一种很好的方法，在信中他们能更好地表达自己。对他们来说，写信可以帮助他们表达自己无法面对面说出口的话。还有一些人，他们想要小心谨慎地表达自己的想法，写信可以让他有足够的时间组织语言，他可以边想边写边修改，这些都是见面交流做不到的。还有一个原因是写信可以制造距离。有些人在说话时喜欢使用咄咄逼人的语气，让人望而生畏，所以跟他们面对面交流会很辛苦。

无论出于何种原因，写信的人都无法知晓收信人的反应，就像上面故事里的一样。信一旦寄出去，收信人看信的时候你并不在场，因此你看不到收信人的反应。这样就会让你在信里写一些绝不会当面说出口的话。如果不够谨慎，就会加深矛盾，造成更多伤害。这也是我为何不建议把写给自己的治愈信寄给对方的原因，如果你没有考虑对方的反应，只会让情况变得更加糟糕。

在寄出信件之前，还有一个理由需要你三思，即这封信会保存很久。话一说出口，只能停留在听者的记忆里；信一旦写出来，每读一次就等于这些话又被重复了一遍。

电子邮件作为信件的替代品，也有其弊端。电子邮件非常方便，实时性强，但也会增加莽撞行动的风险。当一个人无法控制他的情绪时，他就会匆匆发泄情绪，当他按下发送键后，就没有机会再三思了。而且，电子邮件很容易转发。原本私密、亲密和热切的沟通，会很容易传到另一个人的手里或另外一个地方。

如果你想写信，最好亲手将信送到那个人手中，让对方当着你的面读信。你只需向他解释一下，说明你在纸张上表达想法更自在一些。这样做有两个目的：首先，它可以让信的内容更温和一些。当你知道别人会当着你的面读你写给他的信时，你就不会冲昏头脑，写一些愚蠢伤人的话。其次，你可以立马看到对方的面部表情，听到他的回话。这样你们就可以一起沟通，以减少误会。

如果你无法亲自送信，或者不太现实，比如因为对方难相处而没有办法当面解决问题，你在写信或电子邮件时一定要十分小心，你可以假设对方读信时自己会在场一样。在寄信或发送电子邮件之前先让自己信任的朋友看一下，听听他们看到信后的感受，这样能最大化地减少不当言辞，避免问题恶化。

还有一种情况也适合写信。如果两人已经决裂，且许久没有联系，打电话或者见面就会让人意外或不安。这时一封信就可以打破僵局，开启治愈之旅、宽恕之旅以及和好之旅。第一封信要写得简单，表达一下你想要重新联络的愿望，希望你们能够见面聊一聊，而不要先提及问题。

在写信时，一个简单的经验法则就是问问自己收到这封即将寄出去的信时是什么感受。写信时，你的立场在对方眼中应该和见面沟通是一样的，即让别人知道他的行为对你造成的影响，或者为你自己的行为道歉。绝对不能在信里控诉、攻击、谴责、怪罪和中伤别人。

如果你觉得写信可以更好地沟通，或者你已经很久没有和那个人当面讲过话，又或者那个人已经难相处到无法当面沟通，就可以给难相处的人写一封精心组织语言的信，但要注意不要为了责备而写信给他。

让时间治愈一切

> 你无法把海浪推到沙滩上，只能等大海把它带到沙滩上。

> ——苏珊·斯塔丝伯格

在这一章中，我们探讨了很多跟难相处的人交谈或者写信沟通的方式。每种方式都要求我们有所行动，我们却没想过什么也不做，也是一种沟通方式。

乔安妮和她妹妹的关系不太好，她来到我的研讨班，说她试了各种方法跟妹妹沟通，都以失败告终。现在，她想尝试新的方法，并看看是否有用。

在一次练习中，我们用聚集的方式来获得灵感，她突然茅塞顿开，决定以退为进。她意识到自己太固执了，而解决问题最好的方法可能就是让时间去治愈一切。

我们的大脑和身体天生就有治愈机制，不需要刻意为之也能自觉地发挥作用。如果大脑和身体的感觉都比较强烈，让时间去平复伤痕是最明智的做法。这段时间我们需要保持沉默，而不必多言。

在一段关系中，时间问题常常被忽略。多数时候交谈更适合解决问题，但有时候讲话只会让事情变得更糟。

当然，问题在于如何准确地抓住时机。这需要我们认真判断当前的形势。对方的情绪是否正常，他的情绪是否会失控？对方表现得比较配合还是抵触？问题有多紧急？对方生活中是否发生了什么事情，可能会转移他现在的注意力和精力？

沉默有时或许是最好的行动。

不要让愤怒阻碍你的成长

不到最后，成败未卜。

——尤吉·贝拉

充满恶意的信件以及报复的行动，都可以把难相处的人拒之门外。如果被他伤得很深，我们就有可能产生永远与之保持距离的想法。

我们与难相处的人的关系一旦断绝，就会出现一个问题，就是那个人虽然从我们的生活中消失了，但他们只不过是从我们的眼前消失了，而他们对我们的情绪的影响依然存在。人不见了，不代表他们留给我们的痛苦也随之消失了。眼不见不代表心不烦。

某个人虽然从我们的生活中消失了，也可能会留下一些痕迹，或许就是在我们双方之间都看不见的精神世界中的联系。如果一段关系没有和平结束，这两个人就会在创伤性联结中继续保持联系，除非问题真正得到解决，否则这种联结永远存在。

在第 4 章结尾的部分，我们探讨了伤害别人的行动和伤害别人的想法对精神的影响。如果我们一直生气、怨恨，或者心存不满，最终就会导致我们自己对这个世界抱有恶意，并以另外的形式承受这种恶意的恶果，要么是健康出现问题，要么是遇到另一个难相处的人继续遭受痛苦。

相信轮回转世的人会说，未解决的问题会跟到我们的下辈子，并再次遇到一样的人。虽然具体情节不同，但问题却是一样的。有些人甚至以此为借口逃避问题，采取一种看似简单的解脱途径：无止境地拖延。但是，不处理人际关系问题的人，实际上在是拖延自己的精神成长。现在，就是治愈关系最好的时候。

千万不要让愤怒阻碍你的成长，早晚有一天，你的人生会再次出现这种问题。

人生充满苦难，请把爱找回来

> 最痛苦的泪水从坟墓里流出，是痛悔还没说出口的
> 话和还没做过的事。
>
> ——哈丽叶特·比切·斯托

有时候，那些让我们痛苦的人，恰恰是我们生命中爱过或者仍然爱着的人。双方之间出现了分歧，伤人的话就会脱口而出，伤人的事也随之而来。曾经的爱被全盘否定，留下的只有痛苦，且经久不散。在所有的关系中，没有什么比原本相爱最终却走向破裂更痛苦的事了。

关系破裂时，愤怒、难过、生气甚至厌恶，都是正常的，但有谁能够一直这样下去？什么时候才能摆脱这些有害的情绪？这种仇恨伤害的究竟是谁？是仇恨的对象，还是心怀仇恨的人？

只有死亡来临，你才会思考这些问题。人一旦死去，就没有机会再去治愈、宽恕与和解。我们只需自问，当初发生

的事情有多重要，便会知道选择不治愈裂痕有多愚蠢。

我任教的学校里有位同事，承受着人们无法想象的遭遇。她有一对双胞胎儿子，其中一个高中毕业后死于一场车祸。虽然承受着巨大的悲伤，她还总是提醒她遇到的每个人不要忘记主动拥抱自己的家人，并告诉家人自己有**多爱**他们。丧子之痛让她知道，只是毫无预兆的一瞬间，就有可能夺走自己的至爱之人。

她的一位好友把她的话记在了心里。她选择跟自己未成年且关系很差的儿子主动示好，两人僵持的关系开始慢慢和解。可惜几天后，她的儿子因为试图救人而溺水身亡了。

曾经的爱会一直深埋在内心深处，不管要花多少时间，不管这个过程有多痛苦，我们都要把它找回来，并在永远没有机会表达之前把这种爱说出来。

爱是永恒的，而痛苦取决于我们让它存在多久，它就存在多久。

🔍 探　索

确认你的目标

目的：在跟难相处的人沟通之前，首先需要确定自己的目标，不管是明显的目标，还是次要的目标

在跟难相处的人沟通之前，一定要清楚自己想要得到什么。下面的练习对此会有帮助。

第1步：确定你的物质目标。在与难相处的人结束对话后，你希望得到哪些看得见的、物质上的事物或行为？这类目标一定要具体，比如金钱数额、截止日期或具体行动。要多久才能完成？现在可能切实地得到多少？哪些需要等待？

第2步：确定你的关系目标。你希望你们之间的关系如何改变，是想要更亲近，还是保持距离？你希望自己拥有更多权利，还是愿意放弃一些权利？你希望你们一起做决定，还是你独自做主？你希望得到哪些附加的权利，你是否愿意让出附加的权利？

第3步：确定你的情感目标。现在有哪些让你不愉快或者不自在的感受？你需要如何缓解？是否需要对方向你道歉，

或者承认错误？

第 4 步：确定你的程序目标。你希望两人之间的问题如何解决？采取什么方式？你需要正式的书面协议吗？你需要合同吗？你如何确定协议被执行了？你是否需要面对面地和对方接触？

第 5 步：确定完所有目标后，考虑它们的主次地位。哪些是你必须得到的？哪些是你希望得到，但不是必须得到的？

第 6 步：现在，你需要思考一下如果既定目标没有达成，那么最佳备选项是什么？

第 7 章

善待难相处的人，成为更好的自己

人际关系和精神成长

> 一个人连他那看得见的兄弟都不爱，怎么可能爱他从没有见过的上帝？
>
> ——《约翰福音》

所有的精神成长，都是发生在每段人际关系中的。

一般来说，如果我要批评别人的行为，我也一定要审视自己。我必须承认，自己很多时候对别人的所作所为也并不恰当。

不过我从这些经历中学到了很多东西，每当我发现自己伤害了别人，或者收到被我伤害的人的不悦反馈，我就决定必须改变。最终，我的精神境界发生了变化。现在，我对晦涩的经学见解已经不感兴趣，而是更关心如何才能成为更好的人。

在跟别人接触的过程中，我们的性格得到了改善，我们的情绪得到了控制，并借此磨炼了心性。要验证精神之路是否可靠，一个有效指标就是它在多大程度上能够提升我们的容忍、自控、善良、同情、感恩、谦虚、宽恕、耐心、仁慈和服务别人等品质。

在本书接近尾声的这一章，我们会探讨一些交际技巧，帮助你培养以上品质，同时验证与人交往是否可以磨炼精神。

为了身体健康，你会每天运动，此时不妨把磨炼精神也加入进来，这样做可以让你变得更好。

先从了解自我开始

> 一个人可以活了 70 年，却对自己一无所知。
>
> ——拉比以色列·萨兰特

讲授冥想课程时，我有时会做一个公益讲座，讲解这种练习对思维、身体和情绪的好处。我经常会遇到拒绝学习冥想的人，他们总在说对自己的现状很满意，没发现有什么需要改变的。我都不知道是该羡慕还是该怀疑，抱着自己很好、不需要成长的想法度过一生是我完全无法想象的。

本书的一个基本前提是，精神成长就是人的成长，而难相处的人是来教我们如何成长的。通过关注跟难相处的人交往的经历，我们就可以了解一个用其他方式无法了解的自己。

要取得自我进步，首先必须了解自己。如果我们都不知道自己需要改变什么，我们又怎么可能做出改变呢？如果不清楚自己的长处、短处、过错和美德，我们就不可能做出目标明确的改变。当我们了解了自己后，我们就会有更明确的目标去改进。

对自己的了解程度也决定了我们会怎样对待别人的所作所为。通过了解自己，我们可以更清楚自己这样做的动机，从更深层次理解别人的行为。在了解了自己的弱点后，我们就会更专注于自己与别人的互动，也能在伤害别人之前控制住自己。

为了更好地了解自己，我们需要明确几个条件。

第一，承受。不管我们有多不舒服、多不开心，也必须接受我们所学到的一切。了解自我，就是揭示一切自己不想知道的有关自己的真相。但是，如果我们选择了置之不理，我们就会故步自封，困在痛苦和陷阱之中。

第二，渴望。我们要有了解自己的意愿，否则就不愿意提问题、查询信息、探索体验以及征求别人的反馈。学习自我了解跟其他学习一样，它不是被动的过程，而是需要我们主动地获取知识。

第三，专注。我们必须对我们的经历背后的意义提高警惕，尤其要注意自己对别人的想法、感受、举动和反应等。通过观察自己的想法，我们会发现什么对自己最重要，从而发现自己欲望的本质；观察自己的感受，会发现自己喜欢什么、讨厌什么，什么让我们反感，以及什么会吸引自己；通过关注我们对别人的行为和反应，我们可以发现自己性格的优点和缺点。

第四，接受。我们必须承认不是所有的问题都有答案，我们必须承认学无止境，而自我发现是穷尽一生的过程。我们必须承认任何时候任何人都有值得我们学习的地方，让别人的看法不断丰富我们的思想。

自我了解是改变自我的基础。接纳、渴望、专注和承受是了解自己的必要条件。

莫论他人是非

> 我们嘲笑别人的缺点，却不知道这些缺点也在内心
> 嘲笑我们。
>
> ——托马斯·布朗

米歇尔喜欢浓妆艳抹，米格尔天生自命不凡，卡罗琳守不住秘密，皮特太贪图享乐，丹尼斯一点也不成熟，蒂姆不负责任……

如果让你列一个清单，记录周围每个人的缺点，这个清单有多长？你都会在上面写些什么？当你遇到一个人时，你是不是会先对他评头论足一番，如肤色、国籍、穿着、整体形象、举止和言谈等？你是否也会当面或者在背后谈论别人的缺点？

毫无疑问，答案是肯定的。这是我们所有人都做过的事情，这几乎是不由自主的行为。我们中的有些人比我们更擅长寻找别人的缺点，有些人对所见所闻会更加直言不讳，而且我们也会这样。

当你发现自己在评价别人时，你可以试试在第 4 章中所讲的小技巧。你可以自问你正在吐槽的这件事，如果是你做的话，你会怎么做？

要做到不评价别人很难，但是问自己这个问题就容易多了。你只需把自己的评价和另一句话联系起来："哦，又来了，我又在评论别人了。奇怪，这一回又是怎么回事？"

如果你愿意诚实地对待自己，并花时间反思，你就会发现有价值的东西。可能有时候你不喜欢自己的发现，但如果继续评价别人，等于是在拒绝了解自己。

这个方法的好处在于，你不用强迫自己停止评价，也不用为此而自责，更不必控制自己的冲动。事实上，评价有利于我们了解自我，因为每次评价别人的时候，你也为了解自己找到了一扇窗。问题在于你必须记得打开这扇窗，因为别人无法帮忙。

应对难相处的人的精神修行不需要你停止评价，相反，只是让你如实地自问，你为什么会这样做。

拥有接受现实的勇气

> 我们要爱自己的邻居，因为存在即合理。我们有的
> 人性，他也有，准确地说，恰恰因为他可能是任何人，
> 他才是每一个人。
>
> ——吉尔伯特·基思·切斯特顿

在某心理组织当志愿者期间，我认识了乔治。对于乔治，说得委婉点我感觉他有点奇怪。他以前是一名公务员，他骨瘦如柴、行为怪异、固执己见。他没有工作，因此每天都来当志愿者，但是他的行为举止导致他跟大家的关系越来越疏远，情况也越来越严重。我们给他安排的都是幕后的工作，这样他就不会接触到当地的居民了。

在接下来的一次例行会议上，乔治的去留问题被提上了日程。有的人提议以后不要让他来了。在准备会议前，我冥想了一下，并希望得到指引。结果让我很惊喜也很羞愧。

灵感在我的脑海中浮现，原来乔治是来教会我们包容、

耐心与爱的。而且我们需要他，他也需要我们帮他变得更好。

我在会上向大家分享了自己的看法。虽然很多人想让他走，但他们也不得不承认我说得有道理。以后，乔治依然每天都来，我们都耐住性子，并尽力帮他，同时也提升了自己。

从那时起，我就坚信，生命中遇到的每个难相处的人，都是有理由的。我们不能只是因为别人很怪异、让我们不舒服就想解雇别人。当然，人的忍耐是有限度的，我们也要注意不能超出限度。如果无视这些，必然会给我们带来压力，造成负面影响。

难相处的人为何会出现在我们的生命中，我们可能永远无法知道，除非他会置我们于危险之中，否则我们就应该接受他们的存在。同时我们也要保护好自己，提醒自己不要伤害别人。这是一门巧妙的平衡艺术。

来听听古尔捷耶夫和他的弟子的故事。这名弟子住在隐修院，因为种种原因，其他同门弟子都不喜欢他。在他离开时，古尔捷耶夫一直跟着他，并为他支付了返程的路费，然后告诉他的其他弟子，被排斥的这个人也是他们非常重要的老师。

设想每个难相处的人来到你的生命中都是有理由的。接受他们的出现，照顾好你自己，并祈求得到指引。

善于发现别人的优点

> 聪明的人在采葡萄时会把成熟的吃掉，而不会采集不太成熟的葡萄。所以明智的人只会看到别人的美德，而愚蠢的人眼里只有别人的恶习和缺点。
>
> ——圣约翰·克利马科斯

我们每个人都希望别人看到我们身上的优点，而不喜欢别人关注我们的缺点。有的人不遗余力地不让别人发现自己的阴暗面，一旦曝光他们就会极其痛苦。

传统美德认为，既然我们不愿别人关注我们的缺点，那么我们也不应该关注别人的缺点。

事实上，我们特别容易把注意力放在难相处的人的缺点上，我们会因为某个人让我们崩溃的行为就把那个人看成坏人，并片面地看待对方，甚至不把对方当成普通人——既有优点也有缺点的普通人。

每个人肯定都既有优点，又有缺点。有些人优点突出，有些人则缺点明显，但我们必须承认的是，每个人身上都会同时存在优点和缺点。

我们生活在一个总喜欢寻找别人缺点的社会之中，就像医生用 X 光寻找病灶一样。但是过于关注别人的缺点并不好。

当我们关注别人的负面品质时，为难相处的人的缺点添油加醋只会放大他们的缺点。当我们专注于优点时，就会放大优点。当我们把注意力集中在看到对方好的一面上时，既能帮助对方加强这种优势，也能提升自己，甚至还能改变我们对难相处的人的片面看法，而把他们当作寻常人——优点缺点并存的寻常人。

下一次发现我们把注意力集中到别人的负面品质上时，一定要提醒自己努力发现他们身上的优点。

语言的破坏性和治愈力

我们的称呼决定了我们的态度。

——凯瑟琳·佩特森

谨慎进言还是口不择言，决定了你是想弥补关系还是想恶化关系。哪怕只是一句恶语，也能够毁掉别人对某人的看法，破坏他的名声。仅仅是一个简短的话语，即便贸然说出，也会激怒对方，而一句良言却可以造就和平。

人们讲话常常会脱口而出，却很少意识到语言的破坏性和治愈力。

拉比约瑟夫·捷卢什金复述过一个东欧神话：有一个男人在镇上走街串巷，故意诋毁拉比。当他改邪归正以后，他找到拉比请求原谅，说愿意做一切事情来弥补他的所作所为。拉比让他找到一个羽绒枕头，并把枕头撕开，让里面的羽毛随风飞走。这个男人按要求完成这件事后，就回到了拉比那里，问自己是否弥补完了过错，拉比回答道："还没有，现在你必须把所有的羽毛都找回来。"

这个男人惊呆了，对拉比说他不可能做到，因为所有的羽毛早已飞得不见踪影。拉比回答道："就像羽毛一样，你曾经的恶语中伤也无法收回。"

在和难相处的人相处时，语言有着极为重要的作用。不管是当面还是背后，我们用否定的言辞评论别人，这些言辞就是消极行为的前兆。

大多数人不仅是故意伤害别人，甚至在不公地对待或伤害别人之前，还会先说是对方活该。在法律中，这叫作当庭宣布有罪；在生活中，这就是故意给别人贴标签。中伤或故意贴标签都会伤害别人。

在某种意义上，在这本书中我所用的"难相处的人"的说法，对读者来说也不公平。这种称呼像是在暗示如果出现了某种问题，一定是对方的责任。它默许了把某个人看成不好的人，并区别对待。

也许你会觉得这种特定的措辞并无大碍，但根本不是这么回事。历史上，有多少人因此而被迫害，臭名昭著的纳粹就是最好的解释，他们把犹太人说成"劣等民族"，编造"种族优劣"的谬论，误导社会群众，这样纳粹就可以以此为由残害他们。

这样的例证数不胜数。实际上，我们感兴趣的是如何使用语言积极地影响棘手的人际关系，改变自己的消极话语所带来的消极行为。建议如下：

· 不要当面或在背后说别人的坏话，这样会造成隔阂，导致对方被不公正地对待。

· 不要总是提起别人的缺点、弱点和失败以及过去他所犯下的错误，这会让对方觉得羞愧，不符合尊重别人的人际交往准则。

· 不要轻信别人告诉你的所谓某人的负面评价，要牢记：你听到的或许还有另外的版本。

· 不要把自己听到的关于别人的是非又转述给其他人听，就算这是真实的，除非你不说出去就会有人受到伤害。问问自己把这件事说出去有何后果。通常，八卦是为了得到别人的关注，体现自己比当事人优秀，但其效果是短暂的，而它所造成的伤害却不会消散。

· 不要跟以贬低别人为乐的人交往，或者至少告诉对方你不喜欢听到这些。

语言的力量远远超过你的想象，请谨言慎行。

掌控你的愤怒

天下有大勇者，卒然临之而不惊，无故加之而不怒。

——苏轼

每天在报纸上、电视里，我们都能知道各种因为愤怒导致的恶性事件。只是因为在一瞬间没有控制住愤怒，这不计后果的言行，就有可能毁掉许多人，包括暴发愤怒的人、被愤怒伤害的人，甚至双方的家人也要为失控的鲁莽行为付出代价。

就这一点来说，控制愤怒也应该是我们首先需要学会的精神修养。

首先有必要说一下，控制愤怒并非不顾一切地压抑愤怒，也并非随意发泄愤怒，而是介于两种极端之间，恰当地表达愤怒。

值得一提的是，学会如何感受并表达愤怒，不仅对人际关系有好处，也对健康有利。人类通过多年来的研究发现，愤怒会增加心脏病发作的危险。

我们中的大多数人在生气时的破坏力还不足以严重到上新闻，最坏不过是失去和对方共同经历的美好回忆，甚至说一些会让自己后悔的话。这正是问题所在，愤怒蒙蔽了我们的判断，愤怒中脱口而出的恶言恶语无法收回，由此造成的伤害也有可能是永久性的。从精神修行上说，愤怒不能成为伤害别人的借口。

拉比约瑟夫·捷卢什金一语中的："你愤怒，不代表你就有权利把自己的痛苦施加在别人身上，就像一个异性对你有吸引力，并不代表你就可以侵犯这个人一样。"

不当的愤怒不仅损害我们的人际关系和身心健康，还会破坏我们的形象。没有人会因为发脾气而赢得尊重，没有人在面红耳赤、青筋暴起时还会很好看。

想知道如何掌控愤怒，首先要回答两个问题：什么是合理的愤怒？愤怒时，如何应对才能不让它失控？

愤怒其实是为了引起别人对我们的关注。一个人生气时，人们就会注意到他。小孩子和不成熟的成年人，都会利用发脾气得到自己想要的东西。很显然，这是不合理的愤怒。

但是，如果使用愤怒来表达某个行为不可接受，愤怒也是有用武之地的。对伤害你的人表达愤怒是合理的，是在告诉对方他的行为不可接受、不能容忍。用气愤的语气来传达这个意思时，自然能引起对方的注意，尤其是以前经常用较温和的方式表达过此类意思却没有效果时。

另一个需要关心的问题是，当我们生气时我们应该怎么做。我见过很多人，他们都说自己的愤怒无法控制。以前我有位男同事，他时不时地就会发脾气，之后还总说自己没有办法控制。我当时也是够蠢的，竟然相信了他的话。直到后来，有一位魅力四射的女同事入职，情况才有所改变。很明显，他不想给新同事留下坏印象，所以他的脾气也就控制住了。说自己控制不住脾气只是一种借口，说这种话的人只是不想控制自己的脾气而已。

下面这些方法能帮你控制愤怒：

·愤怒存在于我们的体内，这是一种生理反应。现在开始观察你在生气时的身体反应，当你生气的时候，你的体内发生了什么变化？慢慢地培养这种意识，你就会提前预感到自己要生气。

·如果可以的话，每次生完气冷静之后，就把你的感受告诉惹你生气的那个人。逃避沟通、向别人倾诉或用肢体语言发泄愤怒，都不能从根本上解决问题。

·在跟难相处的人沟通时，你可以多陈述自己的感受，如"你做的事情让我感觉很生气"，而不要说"你让我很生气"，并讲一下对方让你生气的行为是什么。

·当你发现自己要失控时，就立刻结束对话或者离开。你可以如实地告诉对方："我更生气了，我需要离开一下（或者我想结束这段对话），以免我会说出或者做出什么让我后悔的事。"

· 心理学家费尔德建议，当你感觉要生气时，可以数一数颜色。相比较为经典的数数方法，这个版本更复杂一些。他建设我们系统地列出自己周围环境中的颜色，并从 1 种颜色数到 12 种颜色，这样就可以激活人在生气时被关闭的大脑区域。

· 试着弄清楚你生气的原因。愤怒是同时发生的某些情绪的辅助情绪，如痛苦、害怕、迷茫、被抛弃和伤心等，所以我们需要弄清楚生气背后的真正情绪是什么。

· 愤怒也可以带来有建设性的行动。历史上一些伟大的人道主义变化，就是因为愤怒引起的。你需要更有效地利用你的愤怒，而不是用来报复。

· 欲求没有得到满足，别人没有按照你想要的方式做事时，你就会生气。从精神修行的角度来看，不要总是想着得到你想要的东西。人这一生，冥冥中自有安排。沮丧、失望对你的精神修行有着特别的意义。

· 如果不符合预期，越是重要的事情，我们越会生气。你问问自己，当下的情况到底有多重要，你就会发现让自己生气的都是一些微不足道的小事。愤怒导致的危害，远比事情本身造成的客观危害更大。

· 如果对你来说，愤怒是你的一个大问题，你可以就此写日志。每次生气的时候，你就记录以下信息：日期、具体时间、地点、谁惹你生气、情况是怎样的、让你生气的事情是什么、当时心境和疲劳程度是怎样的、你有没有喝酒等。试着从中找到规律，比如你会发现可能只有在累的时候、能力被质疑的时候或者喝酒的时候，你才会生气。

·考虑通过看心理医生来治疗你的愤怒。

掌控愤怒不仅有利于身体健康、人际关系、自尊等，它还能改变别人对你的看法。

难相处的人，更需要友善对待

一个好人一生最美好的部分：
是他那微不足道、默默无闻的
善良和爱的行为。

——威廉·华兹华斯

我有一位朋友工作压力很大。当他听到我要写一本如何从精神层面与难相处的人相处的书时，她说："我希望你能谈一谈善意，我的工作就依靠善意来支撑，否则我根本干不下去。"

善意地跟难相处的人相处，涵盖了前面提到的很多方法。善意就是不评论别人的言行，这是一种礼貌而没有偏见的行为。善意能够平息别人的怒气，也是最治愈的说话方式，并且不会让别人的行为影响你。善意常常出乎意料，是对困境背后遭遇的同情。

友善地对待难相处的人，这一点很难做到。

　　要学会对难相处的人善良，首先需要学习对不难相处的人善良。也就是说，不能只把善意当成应对难相处的人的魔法，而应该是内心的一种习惯，需要每天都在生活中练习，这样它才能慢慢地延伸到难相处的人的身上。

　　友善地对待难相处的人，对方可能并不领情，这才是精神修行的最大挑战。正如前面所说，考验越艰难，我们就越能成长。

　　有一天，正当我准备离开家去买东西时，我被十字路口一辆正在跌跌撞撞行驶着的旧车吸引了注意力，只见它的引擎盖下冒着褐色的浓烟，很明显车出现了严重的问题。司机在路边停了下来，而我继续前行。

　　过了几个街区，我突然有种冲动，想要回去帮助他，所以我就掉头返回了。我开到了那辆车的后面，停了下来，当时司机正在跟一位碰巧路过的女士说话。我问他是否需要帮忙，他吼着应道："不需要！"那位女士看着我，耸耸肩，说："我也问过了。"

　　那一刻我本可以转身离开，但有个声音告诉我要再试一下。我拿出手机，问他要不要打个电话。他的反应跟刚才一模一样，可我还是打电话给警察说他的车出了故障，然后与他一起静静地等着。

　　五分钟过去了，很显然他冷静了下来，承认自己需要帮忙。他来到我的车前，问我是否可以把手机借给他用一下，还感谢我那么有耐心。

有时候，人们难相处只是因为生活太难了。他们需要的不是别的，而是你的善意。他们需要知道有人在关心自己，哪怕他们表现得不需要关心。下次，再遇到服务员或商场柜员对你很粗鲁，不妨试着善意地对待他们。

然而，善意并非万能良药，对有些人而言只会适得其反。有些人以自我为中心、无情、恶毒，善意地对待他们就是对自己残忍。这些人会利用你的善意，将其视为软弱，并把它当成自己索要更多东西的机会。这时候的友善只会给你带来更多问题，如果问题已经存在许久，而你一直被利用，友善极有可能不是最好的做法。

学习友善地对待你遇到的每个人、每个难相处的人，可以培养我们待人友善的能力。

宽恕是一种内心的状态

> 不能宽恕别人的人，等于拆毁了必须经过的桥，因
> 为每个人都需要被原谅。
>
> ——乔治·赫伯特

我要坦白一件事，那就是这本书是关于宽恕的。

在最开始构思这本书时，我知道宽恕是一定要写的话题，但它并不是中心思想。在这本书写到一半时，我突然意识到自己所写的每句话，实际上都是关于宽恕的。

事实上，宽恕并不是为了别人，而是为了自己，只有这样我们才能摆脱过去的束缚，走向未来。宽恕带你走出有害的情绪，从怨恨中解放自我，这样你就不会每天都活在陈年旧伤中。诚然，别人的所作所为曾经深深地伤害了你，但已经发生的事情，不应该还存在你的脑海中。

所以，宽恕是一种内心的状态，而不是外在行为。你可以不再和某人讲话，但你仍然可以选择原谅他。原谅会得到

别人的祝福，让你放下痛苦，不再对伤害你的人抱有期待。

宽恕不需要刻意努力。一旦我们对抗过自己的情绪，找到了其中的意义，并治愈了自己，我们就能做到宽恕。这个过程，可能只需要一晚上的时间，也可能要耗时数年。

宽恕是自己的内心历程，却能够以神秘的方式影响别人。下面我就用两个故事解释一下。

宽恕对我来说绝非易事。我挣扎了很久才做到我在第5章中所提到的宽恕宣言。三天后，我收到了导师的来信，最终他说愿意和我合作。而那之前的好几个月，我们几乎没有交流。

作家杰克·康菲尔德讲过一个故事，是一位关于闭关的女人的。这位女人小时候被虐待过，她一直都在这件事的阴影中挣扎。最终，她冲破了痛苦的束缚，在情绪彻底释放后原谅了施虐者。结束修行回到家后，她发现信箱里有一封信，是虐待她的人寄来的。两个人已经15年没有交集，他写这封信是想获得她的原谅，就是在那一天，这个女人的精神修行达到了顶点。

这个故事告诉我们宽恕所具有的力量，但也要注意宽恕是双向的。原谅别人，也能让曾经伤害过别人的我们得到原谅，毕竟我们也都是难相处的人。

原谅伤害你的人，能让你从自建的情感牢笼中解脱出来。原谅，是一种很深的精神修行。

感恩那些让你痛苦的人

这本书用"感恩"来结尾再合适不过了。

我真心地希望你通过阅读这本书，能从全然不同的角度看待自己和别人的问题。和难相处的人相处非常痛苦，但幸运的话，你会发现他们能让你的精神得到成长。

感谢这些人给你机会，让你了解自己、突破自己的极限。感恩自己的遭遇，因为唯有如此你才会更开明。

最后，让自己的脸上带着微笑，内心充满愉悦，真诚地对自己的对手说一句："谢谢你带来的痛苦！"

🔍 探　　索

两种练习场景

目的： 把本书的技巧和视角应用到具体场景中

在这本书中，每一章结尾处的练习都给出了一种特殊的观点，并对其进行探索。这个练习融合了前面所有练习的观点，请思考如何把各种方法应用到具体情况中。

场景 1：烦人的同事

你是某家软件公司的部门经理。公司副总裁正在召集所有部门的领导开会。另一位部门经理跟你关系很僵，在会上不断攻击你和你的部门，让你在同事和上级面前很丢脸。你愤怒地离开了会议室，不知道该怎么办。

如果你是被攻击的经理，你会怎么做？写下你的答案。

很显然，没有正确的答案。现在，让我们来探讨几个可行的方案。

在做任何事情之前，先处理好你的愤怒是至关重要的。你也许会写信给那位经理（记住，这封信不能给他看）、做些运动或者冥想。在采取下一步行动之前，你一定要先让自己的怒火平息下来。

如果你采取冥想的方式，你可能会找到一些下一步行动的灵感。

在这件事之后，你可能想尽快跟同事面对面谈一下，但是一定要在你的怒气消失之后。你可能想给对方写一个礼貌没有偏见的便条或者一封电子邮件，告诉对方你想要见面聊一聊之前发生的事情。

你要承认自己可能不会接受对方的道歉或者承认错误行为。首先，确定你的物质、关系、情感和程序等目标。想一想对方是否为恶毒之人，以及这次见面会不会让彼此的关系恶化。

在见面后，让对方知道你是因为被他/她攻击而生气。用"我"而不是"你"陈述事实。你一定要清楚自己想要什么，是让他/她别再当众攻击你、向你道歉，还是未来更好地交流，或者向你的同事强调更和谐的工作关系有什么好处。

想一想为什么那位经理这么难相处，他在自己的部门也是如此吗？还是他的生活出现了什么问题？是因为他不够自信，觉得所有人对他都是一种威胁吗？

想一想这个攻击的背后有何精神寓意。是天理报应吗？你是否当众攻击过别人？你需要培养哪些人际交往技巧？以前是否发生过这种事情，有什么规律？这位烦人的经理身上有没有什么你不喜欢的品质？你是否也有这些品质？当你想要报复他的时候，你是否能够控制自己的欲望。

场景 2：自以为无所不知的婆婆

你和一个优秀的男人已经结婚 5 年了，婚姻生活很美满。但是，你的婆婆对你总有意见，且从来不吝啬说出来。她认为她的家庭医生、发型师和保洁人员都比你好。她不满意你的育儿方式、做家务的方式，甚至你的穿衣品位。她表面上很友善，内心却总觉得她的儿子可以娶到更好的。你的丈夫跟她说过很多次，不喜欢她这样对你，但情况并没有改变。

如果你的婆婆是这样的人，你会如何应对？写下你的答案。

在这个场景中，面对面沟通恐怕并不能解决问题，因为这种情况已经持续了很久，而且有人已经告诉过她不要再这样做了。最好的做法就是从自己入手，你可以选择看心理医生、冥想、聚焦疗法、祝福和宽恕宣言等，这些都很适合。你要做的就是挖掘这件事背后的精神寓意。为什么这个人会出现在你的生命中？你需要学习什么？

了解婆婆的过去也很有用。跟你的丈夫或者亲戚询问她的过去，可以让你更好地了解她。她对优越感的需求可能源自一种情感创伤，了解她的情感创伤能让你找到同情心。如果你理解了这些缘由，你就能容忍她的所作所为。

在这期间，你可能会发现减少接触不失为一个好办法。或者，你也可以学着更友善、更有爱，不是为了安抚她，而是为了软化她的内心。你不要善良得什么都做，也不要做一些伤害她的事。

致　谢

修订版

这本书已经写完很多年了，我也认识了很多新的朋友，但我依然会从每天遇到的人身上学到新的东西。

我要特别感谢我的妻子萨丽塔，感谢她带给我快乐。我也要感谢可爱的继子女——埃米尔、罗纳特和希拉，感谢他们的活泼可爱，让我们相处起来很愉快。

我还要感谢三江出版社的布兰迪·鲍尔斯，感谢他让这本书重获新生。

原版本

写致谢让我感到谦卑。生命中有很多优秀的人让我感动，没有他们就没有这本书，我很感恩。

凯瑟琳·波义耳是第一个鼓励我，让我根据研讨班的素材写书的人。谢谢你鼓励我提笔。感谢小埃德·维斯尼科，还有代理灵·卢卡斯，感谢他们在我写作前期给出的修改意见，尤其是对本书版式布局的帮助，这很有价值。灵·卢卡斯后来用 8 天时间搞定了本书的写作合同，真是神速。她对出版业的见解极有价值，孜孜不倦地给予我支持。感谢我的编辑——劳拉·伍德和莱斯利·梅雷迪斯，感谢他们从一开始就对本书投入的热情。感谢他们的耐心，不厌其烦地解答我这个第一次写书的人的各种问题，感谢他们一直以来的鼓励。还要感谢和谐图书的所有工作人员，感谢他们如此负责。

完成初稿后，很多作家、心理学家、学者和专家，帮忙审阅过本书，提出了很多改进意见，非常感谢吉尔·阿德勒、凯瑟琳·布莱克、朱迪·卡姆、比尔·基南、琼·克拉布隆、薇琪·拉法基、拉姆塞·雷蒙德、沙亚·萨拉·萨德、迈尔·森德、明迪·山克曼、詹妮·斯莱登和詹妮特·齐默恩。感谢梅里·福克斯花费宝贵的时间指导本书中某一个章节——很可惜最后被删除了。

本书内容是由我在研讨班的经历构思成形的。感谢英特飞、绿洲、温赖特工作室和纽约开放中心等机构提供开设研讨班的机会，这为本书的面世提供了机会。我想感谢安·阿瑟诺、苏珊·夏迪、阿黛尔·海曼、罗杰·佩因、安·帕克和德拉西·塞拉托斯为我提供机会。

在我研究情绪领域知识的过程中，泰德·安德森是一位颇有远见的老师，其给了我很多指导。我还要感谢马齐街的所有员工，感谢他们这些年对我的包容和支持。

我也很幸运，有机会跟很多精神大师一起学习，他们既是我的老师，也是我的朋友。从拉比亚瑟·格林、拉比尼希米·波兰、拉比迈尔·森德、拉比沙哈默·维纳、拉比戴维·泽勒那里，我学到了很多东西。

跟杰森·舒尔曼一起学习，让我的精神修行找到了更新、更深刻的研究方向。我非常怀疑，以后写的书一定会受到他的影响。感谢灵性协会的全体同学，给予我温暖，跟我分享他们的故事。

我庆幸自己曾经在学校工作过，这样我才能够关心学生，能够跟一群热爱自己工作的人成为同事。感谢约瑟夫·伯恩、托尼·博诺和亚伦·努里克，他们都是马萨诸塞州沃尔瑟姆本特利学院管理部门的负责人，感谢他们的公正无私和支持。还要谢谢特里·蒂尔尼，感谢他这么多年来在我的学术生涯中给予的各种帮助。

感谢马萨诸塞州林肯公共图书馆的工作人员，每次在网上申请的图书，他们都能找得到，我是他们的常客，感谢他们的支持。

我顶着世俗的压力，辞掉了工作，在从学者转变为作家的艰辛之路上，有很多人帮助过我。我要感谢戴维·阿德勒、伊莱恩·阿德勒、斯蒂芬·阿德勒、玛莎乔·阿夫特、马蒂亚·拉尼亚·安杰卢、安·亚斯尼斯、凯瑟琳·布莱克、詹妮弗·布尔特、佛瑞德·卡尔姆、兰德尔·费雷尔、乔伊斯·弗里德曼、列弗·弗里德曼、苏珊·加斯克尔、苏珊·格洛弗、哈南亚、梅拉、摩西、莎伦·戈德曼、比尔·基南、布莱恩·凯利、特里西亚·凯利、艾米丽·科索夫斯奇、贝丝·库弗曼、丹·莱德、托马尔·莱文、亚伦·利布哈贝尔、盖尔·利布哈贝尔、乔丹·利布哈贝尔、路文·利布哈贝尔、艾德·洛文哈尔、桑德拉·洛文哈尔、凯特·麦克弗森、马蒂·麦尔金、戴维·奥斯蒙德、玛里琳·保罗、诺曼·保罗、沙亚·莎拉·桑登、沙南哈·沙费尔、诺森·沙费尔、路易斯·特雷斯特曼、摩西·瓦德克斯和迈克尔·永。

在写作这本书的过程中，我的生活也发生了意想不到的变化，很多人帮我适应了这些变化。暖心热情的丹·格鲁恩和埃琳娜·格鲁恩；慷慨大方、极富耐心的丹·费恩和墨娜·费恩；对我伸出援助之手的亚伦·科芬；感谢拉比本杰明·萨缪尔斯指引我度过这段过渡期，并指引我的精神探索之旅。

读博那几年，罗伯特·格里弗斯和萨莉·普罗巴斯科曾经帮我保持理智，使我心态平衡，即使过了十年，我依然心存感激。论文导师，就不提他的名字了，他对我的影响不可估量。他对我的逻辑思维培养帮助很大，更重要的是，他的所作所为启发我更深刻地思考一些问题，最终成为这本书的主要内容。感谢你带来的痛苦，启发我创作此书。

感谢我的兄弟艾伦和巴瑞，每次在我这个兄长很难相处的时候，你们总是很快地指正。在你们的提醒下，我希望自己最终成为一个好兄长。感谢我在耶路撒冷的侄女侄子：梅纳赫姆·兹维、希勒尔、齐皮和莎拉，我爱你们，迫不及待地想等你们长大看到这本书。还有弟妹莱兹和邦尼，感谢你们嫁给我的弟弟们，成为他们的好伴侣。

在修改这本书的时候，我的母亲去世了，很难过她没能看到这本书的出版。她很会待人接物，就算别人对她不好，她也总是保持着善良慷慨的美德。我无法否认她对我的影响。

大家都在成长，都在改变，我的父亲也不例外。在他年轻的时候我们关系很差，但是这些日子以来，我们的关系改善了，至少大多数时候是这样。不管我做什么决定，虽然他不能理解，但还是会支持我。谢谢您，爸爸，谢谢您这些年来给予我的一切，谢谢您在西罗杰斯公园热情地把这本书推荐给公园里的人。

最后要感谢的是凯瑟琳·布莱克。每次我需要帮助、建议、支持和陪伴的时候，她总会挺身而出。她是我认识的人中，最有天赋最有能力的人之一。从她身上我学到了很多东西，她是我最棒的老师。

关于作者

    马克·罗森博士是马萨诸塞州沃尔瑟姆布兰迪斯大学的社会学研究家。曾就职于明尼苏达大学和本特利学院，教授研究生和本科生的人际关系与组织行为等课程。获威斯康星麦迪逊大学博士学位。

    马克·罗森博士也是一位颇受欢迎的演说家及研讨班的负责人。多年以来，他曾在各种企业、教育机构和医疗组织中开设讲座，内容涵盖了本书的所有主题。